博雅汉语国际教育专业本科教材系列

实用汉语教学语法

吴勇毅　吴中伟　李劲荣　主编

图书在版编目(CIP)数据

实用汉语教学语法 / 吴勇毅，吴中伟，李劲荣主编 . —北京：北京大学出版社 , 2016.5
（博雅汉语国际教育专业本科教材系列）
ISBN 978-7-301-27044-8

Ⅰ . 实… Ⅱ . ①吴… ②吴… ③李… Ⅲ . 汉语 – 语法 – 对外汉语教学 – 高等学校 – 教学参考资料　Ⅳ . H195.4

中国版本图书馆 CIP 数据核字 (2016) 第 074509 号

书　　　名	实用汉语教学语法 SHIYONG HANYU JIAOXUE YUFA
著作责任者	吴勇毅　吴中伟　李劲荣　主编
责任编辑	宋立文　宋思佳
标准书号	ISBN 978-7-301-27044-8
出版发行	北京大学出版社
地　　　址	北京市海淀区成府路 205 号　100871
网　　　址	http://www.pup.cn　新浪微博：@北京大学出版社
电子信箱	zpup@pup.cn
电　　　话	邮购部 62752015　发行部 62750672　编辑部 62753374
印刷者	三河市博文印刷有限公司
经销者	新华书店
	650 毫米 ×980 毫米　16 开本　19.75 印张　226 千字 2016 年 5 月第 1 版　2021 年 9 月第 2 次印刷
定　　　价	48.00 元

未经许可，不得以任何方式复制或抄袭本书之部分或全部内容。
版权所有，侵权必究
举报电话: 010-62752024　电子信箱: fd@pup.pku.edu.cn
图书如有印装质量问题，请与出版部联系，电话: 010-62756370

编写说明

　　本书主要面向两大类需求，一是汉语国际教育工作者，二是汉语作为第二语言的中高级学习者。本书可作为汉语国际教育专业本科生"现代汉语教学语法"课程的教材，汉语国际教育相关专业的研究生的参考用书，对于一些即将从事汉语国际教育工作的非专业人士，本书也可作为他们的汉语语法学知识的入门指导。本书也可作为汉语言（对外）专业本科生"现代汉语语法"课程的教材，中高级汉语进修生"现代汉语语法"选修课的教材，以及他们的参考书。

　　汉语作为第二语言的语法教学，包括内容和方法两个方面，本书着眼于前一个方面。不论语法教学在课堂上采取显性教学还是隐性教学的方式，语法知识对于培养、发展语言综合运用能力来说都是重要的、必不可少的。对于汉语国际教育工作者来说，对基础汉语教学阶段语法教学的具体内容，以及相应的教学语法体系，要做到心中有数，这是一个基本的要求。对于已经完成基础汉语学习阶段的汉语作为第二语言的学习者来说，不论其语法知识的获得是通过显性教学还是隐性教学，在中高级阶段都有必要加以梳理、巩固、深化，以形成关于汉语语法的比较自觉的、理性的认识，从而进一步提升自己的汉语运用能力。因此，本书所面向的两大类读者，对于本书内容的需求，在很大程度上是统一的。

　　本书遵循第二语言教学语法体系的特性，重在概括、阐释基础汉语教学阶段的语法教学内容，并提供大量的练习题以供操练、思考、讨论，希望帮助本书使用者形成对汉语语法的比较系统的理性认识，并具备一定的自觉分析能力。

　　本书不是汉语语法大全，而是旨在呈现汉语语法的概貌和基本特点，有些细节在练习题中体现，有些枝蔓则略去不提，以求简明扼要。一些在教学中比较重要的细节，通过"典型错误分析"来体现。

　　本书不是汉语语法学的理论著作，而是面向汉语第二语言教与学的实用语法参考书，因此，本书力求凸显汉语作为第二语言教学中的重点和难点，尽量淡化语法术语，强调实用性，重在理解和表达，而不是分类和解释。

本书不是初学汉语者的入门教材，而是对基础汉语教学阶段语法教学内容的梳理、总结和阐释，因此，本书在内容上既尽量与初中级汉语教材的语法教学内容相呼应，但又不按汉语教材中的语法点顺序渐次展开，而是根据语法项目的内在关联性组织章节内容。

本书整体框架和提纲在范开泰先生的指导下确定，由各位编者分头撰写初稿。

初稿写作分工如下：

绪　论	汉语语法体系概述	吴中伟
第1章	数词、量词和"（指-）数-量-名"结构	吴中伟
第2章	方位词、处所词语、时间词语和存现句	金红莲
第3章	"的""的"字结构和"是……的"句	吴勇毅
第4章	比较结构	李　杰
第5章	结果补语、状态补语和程度补语	吴中伟
第6章	趋向动词和趋向补语	薛　雷
第7章	能愿动词和可能补语	薛　雷
第8章	时量和动量	何　瑾
第9章	体与体标记	吴卸耀
第10章	离合结构和重叠结构	李　杰
第11章	"地"和状语及介词短语	徐少芬
第12章	复句和关联词语	高惠宜
第13章	连动句、兼语句、紧缩句	高惠宜
第14章	"把"字句和"被"字句	何　瑾
第15章	语气和口气	李劲荣
第16章	常用词语用法辨析	李劲荣

初稿写作完成后，李劲荣、吴中伟、吴勇毅先后对全书进行了修改、统稿，有些章节改动较大。书中仍然存在的错误和疏漏，当由修改者负责，并敬请广大读者不吝赐教。

主编

目 录

绪 论 汉语语法体系概述 ················· 1
    一、词类 ························· 3
    二、短语（词组） ···················· 13
    三、句子格式 ······················ 15
    四、语义和表达 ····················· 28

第1章 数词、量词和"（指-）数-量-名"结构 ······ 39
    一、"（指-）数-量-名"结构和量名搭配 ········ 41
    二、整数、小数、分数、百分数和倍数 ·········· 43
    三、概数 ························ 45

第2章 方位词、处所词语、时间词语和存现句 ······ 53
    一、方位词 ······················· 55
    二、处所词语 ······················ 57
    三、时间词语 ······················ 59
    四、"在"字句、"有"字句、"是"字句 ········· 60
    五、存现句 ······················· 62

第3章 "的""的"字结构和"是……的"句 ········ 69
    一、定语和"的" ···················· 71
    二、复杂的定语 ····················· 76
    三、"的"字结构 ···················· 79
    四、"是……的"句（1） ················ 81
    五、"是……的"句（2） ················ 84

第 4 章　比较结构 …… 97
一、平比 …… 99
二、差比 …… 101
三、"A 没有 B……""A 不比 B……"和
"A 不如 B……" …… 104

第 5 章　结果补语、状态补语和程度补语 …… 111
一、结果补语 …… 113
二、状态补语和"得" …… 115
三、程度补语 …… 118

第 6 章　趋向动词和趋向补语 …… 127
一、趋向动词 …… 129
二、趋向补语 …… 130
三、趋向补语的引申用法 …… 132

第 7 章　能愿动词和可能补语 …… 143
一、能愿动词 …… 145
二、可能补语 …… 149
三、"能"和可能补语用法比较 …… 152

第 8 章　时量和动量 …… 159
一、时量 …… 161
二、动量 …… 163

第 9 章　体与体标记 …… 171
一、完成体及助词"了$_1$" …… 173
二、变化体及助词"了$_2$" …… 175
三、持续体及助词"着" …… 177
四、进行体及副词"在/正/正在" …… 178

五、经历体及助词"过" ………………………………… 180

第 10 章　离合结构和重叠结构 ………………………… 187
　　一、离合结构 …………………………………………… 189
　　二、重叠结构 …………………………………………… 191

第 11 章　"地"和状语及介词短语 …………………… 203
　　一、"地"和状语 ………………………………………… 205
　　二、介词短语 …………………………………………… 206
　　三、复杂的状语 ………………………………………… 208

第 12 章　复句和关联词语 ……………………………… 219
　　一、复句的特点 ………………………………………… 221
　　二、复句的关联词语 …………………………………… 221
　　三、复句的类型 ………………………………………… 223
　　四、多重复句 …………………………………………… 230

第 13 章　连动句、兼语句、紧缩句 …………………… 239
　　一、连动句 ……………………………………………… 241
　　二、兼语句 ……………………………………………… 243
　　三、紧缩句 ……………………………………………… 245

第 14 章　"把"字句和"被"字句 …………………… 251
　　一、"把"字句 …………………………………………… 253
　　二、"被"字句 …………………………………………… 257
　　三、"把"字句、"被"字句、意念上的被动句 ………… 259

第 15 章　语气和口气 …………………………………… 267
　　一、疑问句 ……………………………………………… 269
　　二、祈使句和感叹句 …………………………………… 272

三、肯定、否定及程度 …………………………………… 274
　　四、语气助词 …………………………………………… 275
　　五、语气副词 …………………………………………… 277

第16章　常用词语用法辨析 …………………………… 285
　　一、"二"和"两" ……………………………………… 287
　　二、"一点儿"和"有点儿" …………………………… 288
　　三、"前后""左右"和"上下" ………………………… 289
　　四、"刚才""刚刚"和"刚" …………………………… 290
　　五、"或者"和"还是" ………………………………… 291
　　六、"都"和"也" ……………………………………… 292
　　七、"又""再"和"还" ………………………………… 294
　　八、"就"和"才" ……………………………………… 298

绪 论

汉语语法体系概述

汉语是一种分析型语言，印欧语里的性、数、格、时、体、态等语法范畴，在汉语里往往找不到相对应的项目。汉语形态不发达，因此，语序和虚词就显得相当重要，句法格式相对简单，而语义、语用因素的作用则相当突出。

毫无疑问，汉语有自己的结构规律，有自己独特的语法系统，它反映了汉民族的认知特点。

本章首先对汉语语法体系作一概要说明。下面从四个层面阐述本书的语法体系：词类、短语、句子格式、语义和表达。

一、词类

汉语的词类包括两大类：实词和虚词。

实词包括：名词、动词、形容词、数词、量词、副词、代词，以及叹词、拟声词。虚词包括：介词、连词、助词。

(一) 名词

如：人　山　河　地图　食品　朋友　公司　洗衣机

名词的特点是：

1. 大多能受量词短语修饰。如：

　　一个人　一座山　一张地图　一些食品

2. 不能受"不"的修饰。

3. 能用在介词后面，组成介词短语。如：

　　在公司（工作）　对朋友（很热情）

4. 常常做主语和宾语。

名词中比较特殊的是时间词、处所词和方位词。

时间词，如：今天　去年　现在　以前　平时　最近　将来

处所词，如：中国　亚洲　郊区　附近　远处　旁边　对面
方位词，如：

上　下　前　后　左　右　东　南　西　北　里　外　内
以上 以下 以前 以后　　以东 以南 以西 以北　　以外 以内
之上 之下 之前 之后　　之东 之南 之西 之北　　之外 之内
上面 下面 前面 后面 左面 右面 东面 南面 西面 北面 里面 外面
上边 下边 前边 后边 左边 右边 东边 南边 西边 北边 里边 外边
上头 下头 前头 后头　　东头 南头 西头 北头 里头 外头
旁边 对面 中间 之间 之中 东南 这边 内部……

时间词和处所词常常修饰动词性短语。

单音节的方位词往往附着在其他词语之后，表示处所或时间。双音节的可以单独使用，或者放在其他词语后面构成方位短语，表示处所或时间。如：

桌子上　家里　南面　马路旁边　以前　回家以后

（二）动词

如：有　是　看　想　坐　学习　休息　游泳

动词的特点是：

1. 能受副词"不""没（有）"修饰。如：

不看　不学习　没看　没学习

2. 后面常常能带"了""着""过"等动态助词。如：

看了　想过　坐着

3. 一部分动词能重叠。如：

看看　想想　休息休息

4. 常常做谓语。

动词中比较特殊的是趋向动词和能愿动词。

趋向动词包括：

	上	下	进	出	过	回	起
来	上来	下来	进来	出来	过来	回来	起来
去	上去	下去	进去	出去	过去	回去	

趋向动词除了具有一般动词的特点以外，还常常放在其他动词或形容词的后面，充当补语。如：

走来　走进　拿出来　放进去

有的趋向动词在语义上已经虚化。如：

爱上　关上　留下　说出来　传出去　看上去　回忆起来
热闹起来　安静下来　坚持下去　昏过去　改正过来

能愿动词，也叫助动词。如：

能　能够　会　可以　可能
应该　应当　该　要　得　想　敢　肯　愿意

能愿动词常常放在其他动词或形容词的前面，表示能力、可能、必要、意愿等意义。

（三）形容词

如：好　大　小　努力　干净　严格　雪白　红通通
　　糊里糊涂

形容词的特点是：

1. 一般能用副词"不"和"很"修饰。如：

不好　不干净　很好　很干净

2. 一部分形容词能重叠。如：

　　好好休息　大大的眼睛　打扫得干干净净　四周的墙壁雪白雪白的

3. 能修饰名词、动词。如：

　　小商店　严格的老师　努力学习　客气地拒绝

4. 能做谓语，也常做定语、状语、补语。
形容词中比较特殊的是非谓形容词，也叫区别词。如：

　　男　女　正　副　金　银　单　双　彩色　新式　大型

它们的特点是：只能做定语，或用在"……的"中。如：

　　男老师　副市长　金饭碗　单姓　彩色照片
　　我们的老师是女的。
　　我要新式的，不要老式的。

（四）数词

　　如：零（〇）　半　一　二　两　九　十　百　千　万

（五）量词

　　如：公斤　里　分　双　副　个　条　点　些　下　次
　　　　遍　趟　番

第一组叫名量词，一般跟名词配合（如"一公斤鱼"），有的也跟形容词配合（如"一公斤重"）；第二组叫动量词，跟动词配合（如"去一次"）。

一些名词可借用为量词。如：

　　一屋子人　一箱子书　踢一脚　打两拳　砍一刀

量词大多可以重叠。如：

这些邮票张张都非常精美。

他们个个都是好样儿的。

（六）副词

副词的特点是：只能做状语。

副词可以分为表示程度、情状、时间、频度、范围、否定、语气等七个小类。见下表：

表示程度	很 极 挺 怪 太 非常 格外 十分 极其 分外 最 更 更加 越 稍微 比较 有点儿
表示情状	猛然 毅然 忽然 仍然 逐步 渐渐 亲自 擅自 特地 互相
表示时间	刚 刚刚 已经 已 曾经 早 就 才 正 正在 将 将要 立刻 立即 马上 永远 从来 随时
表示重复、频度	又 再 还 也 再三 常常 经常 往往 一直 一向 偶尔 老（是） 总（是） 不断 反复
表示范围、数量	都 全 一共 一起 只 仅仅 就 才
表示否定	不 没（有） 别 勿
表示语气	多 多么 真 可 并 又 却 倒 实在 幸亏 难道 究竟 到底 毕竟 偏偏 干脆 简直 明明 一定 准 果然 大概 也许 大约 几乎 差点儿 反正

有的副词兼有关联作用。如：

（1）这些孩子又单纯又善良。

（2）他会英语，还会法语。

(七) 代词

代词可以分成人称代词、疑问代词、指示代词和其他代词等。见下表：

人称代词	你 您 我 他 她 它 你们 我们 咱 咱们 他们 她们 它们 大家 人家 别人 自己
指示代词	这 那 这儿 那儿 这里 那里 这么 那么 这样 那样
疑问代词	谁 什么 哪 哪儿 哪里 怎么 怎么样 怎样 多 多少 几
其他代词	每 各 某

代词可以活用，表示任指或虚指。如：

你看看我，我看看你，谁也不说话。
谁想去谁去。
在这种场合，你无论如何得说点儿什么。

(八) 叹词

叹词用来表示感叹和应答。如：

哎呀，真糟糕！
哎，我来了。

(九) 拟声词

拟声词用来模拟声音。如：

丁零零，丁零零，前面传来一阵自行车铃声。
一只青蛙一张嘴，两只眼睛四条腿，扑通一声跳下水。

（十）介词

介词跟名词性词语（有时是动词性词语）组成介词短语，修饰动词或形容词，有时也可以修饰名词。如：

　　我在中学教汉语。
　　他给我买了一束花儿。
　　关于环境保护的问题，我们谈得很多。

介词可以分为介引对象和范围、依据和手段、目的和原因、时间和处所等四类，见下表：

介引对象、范围	对　对于　关于　至于　和　跟　同　与 为　给　替　于　把　将　叫　让　被　比 向　连　除（了）
介引依据、手段	在　根据　依照　按照　通过　凭　以
介引目的、原因	为　为了　由于　因为
介引时间、处所	从　自从　自　打　由　当　往　朝　向 到　在　于　顺着　沿着

（十一）连词

连词的作用是连接。如：

　　饭和菜都已经做好了。
　　不论谁都可以提意见。
　　不论你说什么，他都不相信。

有的连词只用于连接词或短语，有的连词只用于连接分句，有的既可以连接词或短语，又可以连接分句。见下表：

连接词或短语	和　跟　同　与　及
连接分句	不但　因为　所以　因此　因而　既然　要是 如果　假如　除非　虽然　尽管　但是　可是 不过　然而　即使　就是　哪怕　省得　免得 于是　从而　以致　与其　宁可　尚且　何况 只要
连接词语或分句	而且　并且　而　并　或者　要么　还是　只有 无论　不论　不管

（十二）助词

助词附着在词、短语或句子上，表示一定的附加意义。
助词主要包括：
1. 结构助词：的　地　得
"的"用在一部分定语和中心语之间。如：

> 他的新居
> 最有名的歌
> 新修的马路

"地"用在一部分状语和中心语之间。如：

> 他听了这个消息，兴高采烈地走了。
> 周围嘈杂的环境已经严重地干扰了学校的教学工作。
> 他们俩又说又笑地回家了。

"得"用在一部分动补短语的述语和补语之间。如：

> 他累得饭也不想吃了。
> 大雨把他淋得像只落汤鸡。

2. 动态助词：了　着　过
"了"表示行为动作或状态的完成、实现。如：

>   汽车来了两辆。
>
>   昨天我们去拜访了一位老寿星。
>
>   明天晚上吃了饭到我办公室来一下。

"着"表示行为动作或状态的持续。如：

>   门关着，灯开着。
>
>   他穿着一件红毛衣。
>
>   我们正谈着话，老师进来了。
>
>   新房的墙上挂着一张结婚照。

"过"表示曾经发生某一行为动作，存在某一状态。如：

>   这个字我不认识，我们没学过。
>
>   我去过那儿，是个山清水秀的好地方。
>
>   这孩子小时候也胖过，现在瘦了。

3. 语气助词。如：

>   吗 呢 吧 啊 的 了 嘛 着呢 罢了

语气助词的作用是：一般用在句末，表示语气或口气。如：

>   你会说汉语吗？
>
>   这是不可能的。
>
>   太巧了！

语气助词有时也用在句中。如：

>   这个问题呢，我明天再回答你。
>
>   我吧，从小就爱玩车。

4. 其他助词：

>   们（如"同学们"）　第（如"第一"）　初（如"正月初三"）
>
>   似的（如"像野马似的"）　来（如"二十来个人"）
>
>   把（如"块把钱"）

有时，同一个词，在某个语境中具有某一类词的特点，在另外一个语境中，又具有另外一类词的特点，即兼属两类。如：

> 对不起，委屈你了。
> 对不起，让你受了一点儿委屈。
> 他觉得很委屈。

在第一句里，"委屈"带宾语，是一个动词；在第二句里，"委屈"受量词短语的修饰，是一个名词；在第三句里，"委屈"受"很"的修饰，并且不能再带宾语，是一个形容词。所以，"委屈"兼属动词、名词和形容词。

词类总表

词类		例词
实词	名词	人 山 地图 食品 朋友 上海 现在 前面
	动词	看 想 坐 学习 休息 有 是 能 上来
	形容词	好 努力 雪白 红通通 糊里糊涂 男 大型
	数词	零（O）半 一 二 两 九 十 百 千 万
	量词	公斤 分 双 副 个 条 点 些 下 次 遍
	副词	很 刚 忽然 又 就 都 不 简直 互相 有点儿
	代词	你 我 他 咱们 这 那 怎么样 多少
	叹词	喂 哎 呀 哟
	拟声词	哗啦啦 扑通 叮铃
虚词	介词	对 在 为 从 关于 把 被
	连词	和 或 而 不但 虽然 无论 所以
	助词	的 地 得 了 着 过 吗 呢 啊 第 似的

二、短语（词组）

（一）短语类型

结构类型		举例	功能类型
基本短语	主谓短语	他不去　钱包丢了　满面红光 东西很贵　打人不对　身体不舒服	
	联合短语	你、我、他　　今天或明天	名词性
		唱歌、跳舞　　研究并决定	动词性
		聪明、漂亮　　又酸又辣	形容词性
	偏正短语	新书　　　　　最好的朋友	名词性
		马上出发　　　在哪儿见面	动词性
		真便宜　　　　特别高兴	形容词性
	动宾短语①	买材料　送她一束花儿　开过来一辆车	动词性
	动补短语②	吃完　　说得很清楚	动词性
		好极了　热得满头大汗	形容词性
特殊短语	同位短语	我朋友小王　中国的首都北京　你们俩	名词性
	连动短语	走过去开门　开车去公司　去公司上班	动词性
	兼语短语	请你喝咖啡　让他等一等　喜欢她聪明	
有标记的短语	介词短语	从八点钟　　往右	修饰性
	方位短语	桌子上　那家超市旁边　出国以前	名词性
	量词短语	这三本　这本　　三本	
	"的"字短语	我的　　红的　　昨天刚买的	

---

① 也叫"述宾短语"。
② 也叫"述补短语"。

(二) 句法成分

1. 主语。如：

   他不去　东西很贵　打人不对　身体不舒服

2. 谓语。如：

   他不去　东西很贵　打人不对　身体不舒服

3. 宾语。如：

   买材料　送她一束花儿　开过来一辆车

4. 定语。如：

   （老）房子　（阅读）材料　（雄伟的）建筑　（新买的）钢琴

5. 状语。如：

   〔慢慢地〕说　〔明天〕说　〔在大会上〕说
   〔非常〕满意

6. 补语

   (1) 状态补语[①]。如：

   衣服洗得〈很干净〉　跑得〈不快〉

   (2) 结果补语。如：

   东西卖〈完〉了　东西买〈到〉了

   (3) 趋向补语。如：

   坐〈下〉　拿〈来〉　走〈上来〉　安静〈下来〉

   (4) 可能补语[②]。如：

[①] 也叫"情态补语""程度补语"（跟本书的"程度补语"不同）。
[②] 有的学者把这一格式叫作结果补语和趋向补语的"可能式"。

看得〈见〉　买不〈到〉　开不〈进去〉

(5) 数量补语。如：

看〈一遍〉　看〈两个小时〉　高〈三厘米〉

(6) 程度补语。如：

好〈极〉了　快得〈很〉

三、句子格式

(一) 句型

句型，指句子的结构类型。句型首先分为单句和复句。单句又可分为主谓句和非主谓句。下面的句子都是主谓句：

今天‖很热。
我‖喜欢踢足球。
在家里，他‖是一个好厨师。

下面的句子都是非主谓句：

王老师！
下雨了！
好热的天气！
蛇！
必须保护环境。

主谓句可分为动词性谓语句和形容词性谓语句两种。

1. 动词性谓语句。

动词性谓语句在汉语里占优势。动词性谓语句根据结构又可以分为以下几种类型：

(1) 简单动词句：(状语＋)动词。如：

咱们走吧！

> 雨停了。
> 我今天休息。
> 他以前也在我们公司工作。

(2) 动宾谓语句：(状语＋) 动词＋宾语。如：

> 谁是经理？
> 他有两个孩子。
> 他去年写了一本书。
> 我喜欢养狗。
> 我还以为他对我有意见呢！

上面都是动词带一个宾语的例子，还有动词带双宾语的。如：

> 他问我明天去不去。
> 他送我一件礼物。
> 他借了我一笔钱。
> 大家都叫他大哥。

(3) 动补谓语句：(状语＋) 动词＋补语。

根据补语的类型，又可分为：

① (状语＋) 动词＋"得"＋状态补语。如：

> 他今天来得特别早。
> 他说得很流利。

② (状语＋) 动词＋结果补语。如：

> 汉语词典没买到。
> 我已经说完了。

③ (状语＋) 动词＋趋向补语。如：

> 他跑上去了。
> 从大门开进去。

有时候，动词同时带有宾语和趋向补语。如：

他走进房间去了。

他又拿出一本书来。

他又拿出来一本书。

他又拿了一本书出来。

④（状语＋）动词＋"得"/"不"＋可能补语。如：

京剧我看不懂，可是听得懂。

他心里有话，可是说不出来。

票没买到，今天去不了（liǎo）了。

这东西有毒，吃不得！

最后一句是"得 dé"本身做补语。肯定式是"吃得"，不说"吃得得"。

⑤（状语＋）动词＋数量补语。如：

我可以看一下吗？

请再说一遍。

我见过他三次。

那盏灯亮了一夜。

昨天晚上他才睡了三个小时。

我比他高三厘米。

⑥（状语＋）动词＋（"得"＋）程度补语。有的程度补语之前用"得"，有的不用"得"。如：

他喜欢极了。

我已经把他看透了。

他喜欢得不得了。

他喜欢得很。

(4) 连动句：（状语＋）连动短语。如：

他赶紧推门进去。

我坐车去人民广场。

我去人民广场坐车。
他拉着我的手不放。
我想找个人问问。
他喝酒喝醉了。

(5) 兼语句：(状语＋) 兼语短语。如：

老板让他去广州工作。
朋友请我明天一起去吃饭。
他怪我没有把事实告诉他。
顾客称赞他们服务周到。
他把电脑借给我用。

名词性短语做谓语，可以看作动词谓语句的特例。如：

他东北人。
现在十二点。
他二十一岁。
这件毛衣一百多块钱。
明天晴天。

这些句子大多可以补上动词"是"或别的动词。否定的时候要在谓语前加"不是"。如：

他是东北人。
他不是东北人。

2. 形容词性谓语句。汉语里形容词或形容词性短语可以直接做谓语。如：

我很忙。
这个城市非常干净。
天阴沉沉的。
街上热热闹闹的。

在陈述句里，形容词前面往往有状语。单个形容词做谓语，含有对比的意思。如：

　　我们学校大，他们学校小。
　　这件衣服贵，那件衣服便宜。

形容词后面可以带补语：

　　他们高兴得跳起来了。
　　那部电影好看极了！
　　这条裤子大了一点儿。
　　我累了一天了。

句型系统简表

复句类型简表

复句类型		关联词语
联合复句	并列复句	也　又　还　既……又/也……　又……又…… 是……不是……　不是……而是…… 一边……一边……　一面……一面……
	连贯复句	就　便　又　于是　然后　再　一……就…… 首先……然后……
	递进复句	而且　并且　还　更　甚至　不但……也/还/更……　不但……而且……
	选择复句	或者　是……还是……　或者……或者…… 要么……要么……　不是……就是…… 与其……不如……　宁可……也……

续表

复句类型		关联词语
偏正复句	假设复句	要是/如果/假如……那么/就……
	因果复句	由于 所以 因此 以致于 因为……所以…… 之所以……是因为…… 既然……就……
	转折复句	却 但是 可是 不过 虽然/尽管……但是/可是……
	条件复句	只要……就…… 只有……才…… 除非……才…… 无论/不论/不管……都/也……
	让步复句	即使/哪怕/就是……也/都……
	目的复句	为了 以免 省得 好

（二）句类

句类，指句子的语气类型。按照句子的语气，可以把句子分成：陈述句、疑问句、祈使句、感叹句。

1. 陈述句。如：

> 他在那儿生活了三十年。
> 我对这儿不熟悉。
> 他没告诉我。

2. 疑问句。根据提问方式又可以分为两种类型：

（1）用"吗"的疑问句，即一般所谓"是非问句"。句末一般用"吗"，有时没有"吗"，带疑问语调。如：

> 他明天会来吗？
> 这儿可以抽烟吗？
> 你没把这事告诉他吗？

我们明天去打球，好吗？

您是张师傅，对吗？

怎么，你也想去？

有时句末用"吧"，表示揣测语气。如：

我想，这是您女儿吧？

(2) 不能用"吗"的疑问句。包括：

①反复问，即"X 不/没 X"问句。如：

这种电视机好不好？

你说不说英语？

你说英语不说（英语）？

同学们都来没来？

他是不是病了？

②特指问，即带疑问词的问句。如：

你要什么？

他是谁？

你去哪儿？

你们怎么去？

现在几点？

你们公司有多少人？

这个房间有多大？

③选择问，即"X 还是 Y"的问句。如：

你喝茶还是喝酒？

是你来，还是我去？

是在这儿谈，还是出去谈？

④还有一种以"呢"结尾，不带疑问词的特指问句。如：

我的鞋子呢？（我的鞋子在哪儿？）

我是日本人，你呢？（你是哪国人？）

如果他不同意呢？（如果他不同意，那怎么办？）

3. 祈使句。表示命令、请求等。如：

请进！

你醒醒！

走吧！

千万别忘了！

别睡了！

不要着急！

4. 感叹句。如：

哎呀！

太好了！

真便宜！

多漂亮啊！

好大的架子！

句类系统简表

$$\left\{\begin{array}{l}陈述句\\疑问句\\祈使句\\感叹句\end{array}\right. \left\{\begin{array}{l}一般用"吗"的问句\\不能用"吗"的问句\end{array}\right. \left\{\begin{array}{l}"X不/没X"问句\\带疑问词的问句\\"X还是Y"问句\\"NP/VP呢？"\end{array}\right.$$

（三）句式

句式是对某些在结构表达上有特色的句子的概括、分类。

1. "是……的"句

有两种不同的"是……的"句。①

（1）当谈话双方都知道某个动作行为已经发生，说话人要着重表达的不是动作行为本身，而是与动作行为有关的某个方面，

---

① 在"她父亲是个拉三轮车的"这样的句子里，"拉三轮车的"是"的"字短语，跟这里讲的"是……的"句式不同。

如什么时候、什么地方、什么方式、动作的对象是什么、是谁做的，等等，就用"是……的"格式，"是"可以省略，但是一定要有"的"。否定时，"不"放在"是"的前面。如：

> 他是昨天来的。
> 他大概是从单位直接赶来的。
> 他一定是坐出租车来的。
> 我今天早上是六点半起的床。
> 是办公室老师安排我住这儿的。
> 他的手术不是张大夫做的。
> 昨天晚饭我是吃的米饭，不是面条。

（2）当表示说话人的一种观点、意见时，可以用"是……的"句，全句带有说明情况或道理、以使对方接受或信服的语气。这种句子的"是"和"的"都可以去掉不说。否定时，"不"放在"是……的"的内部。如：

> 那是不可能的。
> 我是从来不参加这种活动的。
> 他们提出的要求是合情合理的。
> 他昨天是同意我的意见的，可是今天又改变主意了。
> 我相信，若干年以后，这里的环境是会有很大变化的。

2. "比"字句

"比"字句表示比较。如：

> 他比我高。
> 他比我高一点儿。
> 他比我高三厘米。
> 他比我高得多。/他比我高多了。
> 我身体比以前好得多了。/我身体比以前好多了。
> 他比我更高。/他比我还高。

当一个句子的谓语本来就是一个"动词＋状态补语"的格式

时,"比…"可以放在补语之前,也可以放在动词之前。格式是:

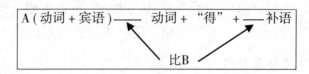

如:

  他做生意做得比我好。
  他做生意比我做得好。

"比"字句的否定形式是"a 不比 b……"。但是这种句子仅用于针对某种看法进行修正或辩驳。如:

  A:这件衣服小了点儿,给我换那件吧。
  B:那件不比这件大。

从否定的角度进行比较,最常见的是:a 没有 b……。如:

  他没有我高。
  他没有你这么能干。

3. "把"字句

"把"字句的基本格式是:

$$\text{主语}+\text{"把……"}+\text{动词}+\text{其他成分}$$

大多数"把"字句表示处置义,即:针对某个确定的事物,实施某个行为动作。这一行为动作往往使这个确定的事物受到某种影响,发生某种变化,产生某种结果。"把"字句的主语是这一影响、变化的广义上的引起者或责任者。

  如:他们把老鼠打死了。

行为:打;确定的事物:老鼠;结果:死了。如图:

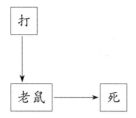

又如：他把花儿放在花瓶里。

行为：放；确定的事物：花儿；结果：在花瓶里。

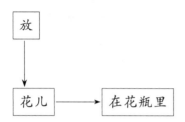

使用"把"字句应该注意的是：

"把"的宾语是可以受后面动词支配的，它所表示的事物是确定的，已知的。如"你把书架上的书整理一下"。这时，说话人明确地知道"书架上的书"指的是哪些书，而且"整理"和"书架上的书"可以构成述宾短语。

动词前后通常总有一些其他成分。如"他把书不停地往柜子里放""他把书都放好了"。但是不能说"他把书放"。

否定词、能愿动词、时间词语应该放在"把"的前面。如"他没把雨伞拿走""他想把雨伞拿走""他昨天把雨伞拿走了"。

以上是常见的"把"字句。另外还有几种"把"字句，意义稍有不同。

(1) 主语＋把 X 当作/作为/看成/……Y。如：

我把你当作最好的朋友。

(2) 把＋处所/范围＋动词＋其他成分。如：

我把整个城市都找遍了，也没找到他。

（3）"把"表示致使。如：

> 好不容易才买到两张票，可把我累坏了！
> 每天都是四十度以上，把人们热得都喘不过气来。

4. "被"字句

"被"字句的格式是：

> 主语＋被（……）＋动词＋其他成分

"被"字句表示某个事物因为受到某种影响而有所变化。"被"后的宾语可以不出现。如：

> 我被他吓了一跳。
> 词典被人撕掉了一页。
> 我的自行车被偷走了。

"被"字句的动词前，还可以加上"所""给"。加"所"以后书面语风格很强，加"给"则更加口语化。如：

> 我被这一情景所感动，情不自禁地加入到他们的行列中。
> 孩子被他给惯坏了。

在口语里，常用"叫""让"代替"被"。

> 我让他给骗了。
> 帽子叫大风吹跑了。

使用"被"字句应该注意的是：

在口语里，大部分"被"字句表示不愉快的、受损害的情况。如"我的钱包被人偷走了"。

"被"字句的动词后面一般要有其他成分。如"花瓶让我给打碎了"。

否定词、能愿动词、时间词语应该放在"被"的前面。如"我没让他打着""我能让他打着吗""我刚才让他打着了头部"。

5. 存现句

存现句的格式是：

> 处所＋动词…＋人或事物

存现句可以分为三类：(1) 表示人或事物存在的；(2) 表示人或事物出现的；(3) 表示人或事物消失的。

(1) 表示存在的。如：

　　桌子上有一本书。
　　靠墙是一排书架。
　　商店门口围着一群人。
　　办公桌上摆满了文件。

除了动词"有"和"是"以外，其他动词的后面大多有"着"或"了"。

(2) 表示出现的。如：

　　昨天我们家来了几个客人。
　　前面走过来一个人。

(3) 表示消失的。如：

　　书架上少了一本书。
　　张家死了人了。

使用存现句应该注意的是：

宾语常常有"一个""几个""许多"等修饰，而不能用"这个""那个"等修饰。如"天上飞过去一群大雁"，"明朝末年，陕西出了一个李自成"。

处所词语前一般不用介词，如"马路对面过来一个人"。

四、语义和表达

（一）语义角色和语义关系

从语义上看，词语在句子中有不同的语义角色。这些语义角色主要包括：施事、受事、与事、对象、时间、处所、工具、方式等。如：

　　我昨天跟同学们一起在教室里用红纸剪了一个"喜"字。

在上面这句话里，"我"是施事，"同学们"是与事，"昨天"是时间，"教室"是处所，"红纸"是工具，"'喜'字"是受事。

施事不一定是主语，受事也不一定是宾语。如：

　　没想到那些人都来了。
　　明天你们打算去几个人？

"那些人"和"几个人"都是施事，但是"那些人"是确指的，因此放到动词之前，而"几个人"是不确指的，因此放在动词之后。

从另一个角度看，动宾关系也不一定是动作行为和受事的关系。如：

　　吃饭　吃大碗　吃食堂

在上面三个例子中，"饭"是受事，"大碗"是工具，"食堂"是处所。当然，宾语位置上优先选择的是受事，其他语义成分充当宾语是有条件的，有时是不可类推的。

句中不同词语之间构成一定的语义关系。有些句子整个格式表达的意义是一致的，但是隐含的内在语义关系并不完全一样。如：

　　他洗衣服洗得很干净。

他洗衣服洗得很累。

他洗衣服洗得很快。

整体上看，句中的状态补语是对动作行为的描述、评价，但是具体来说，第一句中的"干净"在语义上是指向"衣服"的，第二句的"累"是指向"他"的，第三句的"快"是指向行为本身的。当然，这些句子都是正确的。但是在"把"字句中，我们就要求补语在语义上只能指向宾语，不能指向主语，因此我们只能说下面的第一句，不能说下面第二句。

他把衣服洗干净了。

＊他把衣服洗累了。

有些句子在格式上的变化会影响我们对语义关系的理解。如：

我们打败了。

我们打败了对手。

两句话里都有动结式，但是句（1）的动结式没有宾语，句（2）的动结式带宾语。第一句里是我们"败"了，第二句里是对手"败"了。

（二）话题和焦点

一个句子的话题，就是一个表述的出发点，是句子内容所围绕的中心，话题后面的部分，是对于话题的说明。一个句子选择什么词语充当话题，要依语境而决定。比较：

<u>我</u>看过这本书，不过没看懂。

<u>我</u>这本书看过，那本书没看过。

<u>这本书</u>我看过，挺不错。

<u>这本书</u>我看过，他没看过。

前两句的话题是"我"，后两句的话题是"这本书"。

当受事作话题，施事不出现的时候，就成了传统上所说的"意义上的被动句"。如：

　　　　这本书卖完了。

　　充当话题的，应该是已知的、确定的事物。所以，我们可以说：

　　　　这本书我很喜欢。

但是从来不说：

　　　　＊一本书我很喜欢。

　　再如下面两句中的"中国"和"她"也是话题：

　　　　中国人口多，面积大，资源丰富。
　　　　她头发长长的，眼睛大大的，戴一副眼镜，穿一条牛仔裤。

"人口多，面积大，资源丰富"都是在说明"中国"，"头发长长的，眼睛大大的……"都是在说明"她"。

　　一句话中，说话人认为比较重要的，希望引起听话人特别注意的内容，就是焦点。焦点往往处于话题之后的说明部分，特别是句末部分。比较：

　　　　他在很认真地看朋友写来的信。
　　　　他在看朋友写来的信，看得很认真。
　　　　他打碎了花瓶。
　　　　他把花瓶打碎了。

　　根据表达的需要，为了突出"认真"和"碎"，第二句和第四句把这些词移到了句末，作为表达的焦点。

　　"是……的"格式也是体现焦点的语法手段之一。比较：

　　　　他父母亲昨天来了。
　　　　他父母亲是昨天来的。

　　前一句的焦点在"来"，说话人认为"来"是需要告诉对方的新信息的重点。后一句"昨天"是焦点，说话人认为对方已经知道"他父母亲来了",需要着重指出的是"来"的时间。

(三) 句子的口气

句子可以有种种不同的口气,例如:肯定,否定,强调,减弱,夸张,委婉,感叹,迟疑,揣测,申辩,不满,惊奇,等等。即使是同一种口气,还有种种细微的差异。口气的表达手段也是多种多样的,叹词、语气助词和语气副词,某些固定格式,双重否定句,反问句等都是常见的手段。

1. 相当一部分叹词是专门用来表达口气的。如:

啊,伟大的母爱!
哎呀,你真是的!

2. 汉语里的语气助词则是专门表示语气和口气的。如:

这件礼物他一定会喜欢的。
房间里太热了!
我当然会说上海话,我父母亲是上海人嘛。
还早呢,你着什么急!
他不会是出了车祸吧?
你呀,得加油哇!
不坐车怎么行?路远着呢!
我只是跟你开个玩笑罢了,你还当真?

3. 语气副词在表达口气方面发挥着重要的作用。如下面的例子都有一个分句"这件事我不知道",但是加上不同的副词以后,句子的口气是不一样的,从上下文就可以看出来:

这事儿我可不知道,以后出了问题别来找我。
他们都搞错了,其实,这事儿我并不知道。
这事儿我又不知道,干吗问我?

又如:

他的表演简直太棒了,都赶上专业演员了!

孩子毕竟是孩子,你别要求太高。

听你这么一说,倒也不是没有道理。

4. 有一些固定格式,表示强调、夸张、不在乎等。如:

你连我也不认识了?

他连看都没看,就说不行。

我现在一分钱也没有。

春节我一天都没休息。

外面那个冷啊,简直冻死人!

那再好不过了。

以后我再也不相信他的话了。

你给我滚出去!

比就比,谁怕谁呀。

5. 双重否定,即一句话里通过两次否定表达肯定的意思。双重否定有的是为了表示强调口气,有的是为了表示委婉口气。如:

他们是老同学,不可能没有联系。

他一再请我去,我不能不去。

听到这个消息,没有一个人不感到失望。

6. 反问句。反问句的特点是"无疑而问",即用疑问句的形式,来表示自己明确的看法。否定形式的疑问句表示肯定意义,肯定形式的疑问句表示否定意义。如:

这怎么可以?(=当然不可以。)

这怎么不可以?(=当然可以。)

反问句往往含有强调、不满、责怪等口气,带着比较强烈的感情色彩。如:

我给你寄了三封信,难道你都没收到?

我不是跟你说过吗?你怎么又忘了?

这么好的环境，你还不满意！

他为什么没来上课，你应该去问他自己，我怎么知道？

他一会儿一个主意，谁知道他究竟要干什么！

好大的口气！你是总统，还是总理？

（四）添加、省略和倒装

1. 添加

根据表达的需要，在句子里添加一些词语，这些词语表示特定的口气，或者表示应答、提示，或者带有补充说明的性质，它们不影响句子成分的结构关系，位置也比较灵活。添加的词语主要包括以下几类：

提醒注意。如：

你看，那不是老李吗！

她又在唱歌了，你听。

表示估量、判断。如：

看来，今年的经济情况没有去年好。

他好像不是本地人。

在这方面投资是值得的，我想。

表示强调。如：

这种人，说实话，我最看不起了。

不用说，他准又撞人了。

表示消息来源。如：

听说，他开了一家公司。

据报道，昨天晚上东海发生了地震。

从句子成分上说，它们属于独立成分。

2. 省略

在一定的语境中，某些成分可以不说出来，这就是省略。省略的成分是可以根据上下文或者特定的情境补出来的。如：

(1) A：你明天去哪儿？
    B：（我明天去）北京。
(2) 我朋友打电话来，（她）说她明天到。
(3) （我）到了机场，我才发现忘了带护照。
(4) （我）收到你的来信，十分高兴。

省略不影响句型的确定。如句子（1）B 的回答，我们仍然认为它是一个主谓句，只不过主语"我"、状语"明天"、动词"去"省略了。

3. 倒装

在一定的语境中，临时改变句子的常规语序，如把谓语放在前面，主语放在后面，或者把动词放在前面，状语放在后面，等等，就是倒装。

倒装现象在口头表达中比较常见，移到句子后面的部分常常轻读，带有追加、补充的性质。它跟前面的部分尽管书面上有逗号，但是实际说的时候常常连得很紧。如：

来了吗，都？
你就去吧，明天。
买一个吧，您哪！
怎么卖啊，这苹果？

倒装现象也出现在书面语中，那往往是作者刻意安排的，具有明显的文学色彩。如：

他终于站起来了，慢慢地，坚定地。
信件像雪片一样飞来，从学校，从农村，从工厂，从兵营。
要警惕啊，善良的人们！

倒装不改变句子成分的性质。如第一句里的"都"尽管在句子末尾，但仍然是状语。

（五）句子的复杂化

句子的复杂化有两种方式：一种是句子里包含了两个或两个以上的分句，成为复句；另外一种是，尽管是单句，但是内部的结构成分或结构关系特别复杂。

单句内部结构的复杂化，又可以分为两种情形：

1. 复杂短语甚至复句形式充当句法成分。如：

老人的幸福感来自<u>温暖的家庭，安宁的生活，社会的关心，个人抱负的实现和爱好的满足</u>。

那些<u>从事体力劳动，而且一整天重复着相同的动作，身体姿势很少变化</u>的人，休息的时候要特别注意活动几下动作较少的部位。

第一个例句中"来自"的宾语是一个由五个偏正短语组成的联合短语：

温暖的家庭，安宁的生活，社会的关心，个人抱负的实现和爱好的满足
└──────────────────联合短语──────────────────┘
│偏正短语│ │偏正短语│ │偏正短语│ │偏正短语│ │偏正短语│

第二个例句中"人"的定语是一个复句形式：

从事体力劳动，｜而且一整天重复着相同的动作，‖身体姿势很少变化
　　　　　　　　递进　　　　　　　　　　　　　　并列

2. 定语或状语的逐层递加，即偏正短语的层层套叠。如：

<u>他刚才说的关于下一步工作的几点意见</u>，我不完全同意。

房间里放着<u>两个进口的高级牛皮</u>沙发。

他<u>流利地在笔记本上用中文</u>写下了自己的名字。

你<u>以前到底跟他</u>发生过什么矛盾？

前两句的复杂性在于定语的递加。

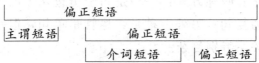

其中"几点"是"意见"的定语,"关于下一步工作"是"几点意见"的定语,"他刚才说"是"关于下一步工作的几点意见"的定语。

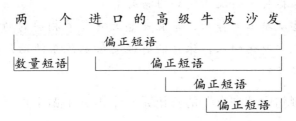

其中"牛皮"是"沙发"的定语,"高级"是"牛皮沙发"的定语,"进口"是"高级牛皮沙发"的定语,"两个"是"进口的高级牛皮沙发"的定语。

后两句的复杂性在于状语的递加。

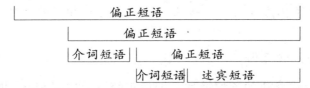

其中"用中文"是"写下了自己的名字"的状语,"在笔记本上"是"用中文写下了自己的名字"的状语,"流利"是"在笔记本上用中文写下了自己的名字"的状语。

其中"跟他"是"发生过什么矛盾"的状语,"到底"是"跟他发生过什么矛盾"的状语,"以前"是"到底跟他发生过什么矛盾"的状语。

第1章

数词、量词和"(指-)数-量-名"结构

一、"(指-)数-量-名"结构和量名搭配

一般来说,汉语里数词和名词之间必须使用量词。不同的名词选择不同的量词。"个"是最常用的量词。如:

一个人　一个房间　一件衣服　一条皮带　一张纸

名词和量词的选择性是有一定理据的。如:

张——平面型,可展开:一张桌子、一张纸、一张照片
把——有把手,可抓握:一把椅子、一把菜刀、一把伞
条——可弯可直的长条形:一条河、一条马路、一条皮带

有时候,一个名词可以搭配不同的量词,但是表示的意思或者色彩往往是有区别的。如:

一张画　　一幅画
一枝花　　一朵花　　一束花
一群人　　一帮人　　一堆人　　一伙人　　一批人

在口语里,如果不需要突出数量"一",动宾结构中的"一"可以省掉不说。如:

我下午要去买张地图。
下班回家路上顺便买了点儿菜。

在数词之前可使用指示代词"这/那"或疑问代词"哪",构成"指—数—量—名"结构。如果其中的数词为"一","一"可以省略。

> 这/那/哪＋数词＋量词＋名词

如:

这两把椅子都是红木的，可值钱呢。

我觉得这一把椅子坐着更舒服。我要这把，不要那把。

你要借哪本杂志？

在第二例的后面两个小句里，数词"一"和名词都省略了。

典型错误

　　* 我打算在这儿学习一个年。

　　* 中美两个国的人民要加深了解。

　　* 这些三本书都是新买的。

分析：

1. 有些词好像是名词，其实是量词，如："年""天""分钟"等，使用时在前面直接加数词，不能再加上另外的量词。如：

　　两年、三天、五分钟

　　*两个年、*三个天、*五个分钟

所以，上面第一句应该说成：

　　我打算在这儿学习一年。

有些词兼有名词和量词两种性质，如"星期""小时"等。我们可以说：

　　打算住三星期

　　再等他一小时

也可以说：

　　打算住三个星期

　　再等他一个小时

2. "国"只能做量词，如果作为名词，要说"国家"。所以，要么说"两国"，要么说"两个国家"。同样的例子还有：一杯水/一个杯子，一瓶水/一个瓶子，等等。

所以，上面第二句应该说成：

　　中美两国人民要加深了解。

3. "这些""那些""哪些"的"些"是量词，后面不能再加数量，应直接加上名词。所以，上面第三句应该说成：

　　这些书都是新买的。

如果不用"这些/那些/哪些"，改用"这""那""哪"，后面就可以加"数词—量词"了。所以第三句也可以改成：

　　这三本书都是新买的。

二、整数、小数、分数、百分数和倍数

数词包括基数和序数。

数字前加"第"，就成了序数。如：

　　他获得了汉语演讲比赛第一名。
　　你是第二十三个问我这个问题的人了。

有时可以直接用数字来表示序数。如：

　　二〇〇一年七月七日，一个难忘的日子。他获得了一等奖。
　　五班同学住2楼，四班同学住3楼。

基数包括整数、小数、分数、倍数和百分数。

1. 整数

在读整数的时候，要注意：（1）四位一级；（2）中间有空位时读"零"。如：

　　8009，4315，6000
　　八千零九亿　四千三百一十五万　六千

2. 小数

小数的说法是把小数点读成"点",后面一个一个地读出各个数字。如:

  38.41 三十八点四一

3. 分数

分数的说法是:分母—"分之"—分子。如:

  2/3 三分之二

4. 百分数

百分数的说法是"百分之……"。如:

  98% 百分之九十八

5. 倍数

倍数用"倍"表示。如:

  今年产量是去年的三倍。

在比较句中表示增加的量,用"A 比 B 多了/增加了……倍";表示增加后的总量,用"A 增加到 B 的……倍","A 是 B 的……倍"。如:

  今年产量比去年增加了两倍。(=今年产量是去年的三倍。)

  今年产量增加到去年的三倍。(=今年产量是去年的三倍。)

在比较句中表示减少的量用分数表示,用"少了/减少了……分之……",如:

  今年成本比去年减少了五分之一。(=今年成本是去年的五分之四。)

三、概数

表示大概的数目,可以采用下面三种方式:

1. 相邻的数字连用(但"九"和"十"不能连用)。如:

> 一共有十三四本。
> 一共有三四十本。

"三"和"五"连用,也可以表示概数。如:

> 再等三五天就知道结果了。

2. 在数量的前后加上表示概数的词语,如"大概""大约""差不多"等放在数量前,"上下""左右""多""来""把"等放在数量后。如:

> 他大约三十岁,中等个子,长脸,微胖。
> 三室一厅的房子,租金是每个月三千块左右。
> 邀请了一百多个,可是结果只来了十来个。
> 大家坐了个把小时,眼看将近十点,便纷纷告辞了。

3. 用"几""两"表示概数。如:

> 别担心,你的病过两天就会好的。
> 我想跟你说几句话。
> 大概来了几十个人。

典型错误

* 我们系有百来个教师。
* 他买了二十公斤多的西瓜。

分析:

1. 用"把"和"来"表示概数的时候,要注意:"把"只放在"百""千""万"和少数量词如"个""块"等后面,前面没

有数字;而用"来"的时候,前面一定有确切的数字。如:

  百把个人 一百来个人 (一百个人左右)

  个把月   一个来月   (一个月左右)

  块把钱   一块来钱   (一块钱左右)

所以上面第一句可以有两种说法:

  我们系有百把个教师。

  我们系有一百来个教师。

2. 用"多"表示概数的时候,要注意:

(1) 如果数目是以 0 结尾的,"多"应该放在量词前面。如"三百多公斤水果"。但是,当数目超过十万时,"多"一般放在"万"的前面。如"三十多万人"。

(2) 如果数目末尾是"1—9","多"应该放在量词后面。如"五公斤多"。

(3) 当数目是"10"的时候,有两种说法:十公斤多水果;十多公斤水果。前者的意思是说水果可能有 10.1 公斤、10.2 公斤、10.3 公斤……后者的意思说水果可能有 11 公斤、12 公斤、13 公斤……。

所以上面第二句话应该说成:

  他买了二十多公斤的西瓜。

练 习

一、填写量词。

  一_____雨伞 一_____钢琴 一_____衬衫

  一_____饮料 一_____小说 一_____帽子

第1章 数词、量词和"（指-）数-量-名"结构

一_____电脑　　一_____手套　　一_____铅笔

一_____黄瓜　　一_____镜子　　一_____窗户

一_____牛　　　一_____马　　　一_____信

一_____蛇　　　一_____诗　　　一_____蒜

二、写出与下面的量词搭配的名词，写得越多越好。

包：_____

部：_____

册：_____

双：_____

对：_____

块：_____

颗：_____

棵：_____

节：_____

根：_____

三、朗读下面的句子，注意数字的读法。

1. 我的电话号码是13917894503。

2. 我们单位的传真号码是86－21－34895757。

3. 我住北京路 139 弄 40 号 503 室。

4. 他出生于 2002 年 12 月 31 日。

四、快速读出下列数字。

(1) 14　　(2) 40　　(3) 414　　(4) 849

(5) 426　　(6) 12345　　(7) 98700　　(8) 98007

(9) 183587　　(10) 20000013　　(11) 3.45　　(12) 18.698

(13) 0.001　　(14) 3.07　　(15) 1/5　　(16) 3/12

(17) 26%　　(18) 7.4%

五、计算（用倍数或分数表示）。

A. 如果：甲厂生产 9000 台冰箱。乙厂生产 3000 台冰箱。
那么：
甲厂生产的冰箱是乙厂的 _____。

甲厂生产的冰箱比乙厂多 _____。

乙厂生产的冰箱是甲厂的 _____。

乙厂生产的冰箱比甲厂少 _____。

B. 如果：我上个月工资 6000 元。我这个月工资 2000 元。
那么：
我上个月的工资是这个月的 _____。

我上个月的工资比这个月多 _____。

我这个月的工资是上个月的 _____。

我这个月的工资比上个月减少了_____。

我这个月的工资减少到了上个月的_____。

六、选择最合适的答案：

1. 他刚走出火车站，一_____流氓就围了上来。
   A. 位　　　　B. 个　　　　C. 伙　　　　D. 圈

2. 最后上来的一_____菜是一条鱼，盛在一个大瓷盆里。
   A. 盘　　　　B. 份　　　　C. 道　　　　D. 种

3. 正在这时，一_____火车呼啸而来。
   A. 辆　　　　B. 架　　　　C. 条　　　　D. 列

4. 下个星期将举行第三_____全校运动会。
   A. 次　　　　B. 个　　　　C. 会　　　　D. 届

5. 你今天穿的这_____衣服搭配得特别好，白衬衫、红裙子，漂亮极了！
   A. 件　　　　B. 条　　　　C. 身　　　　D. 份

6. 别看这房子这么破旧，说起来还有一_____历史故事呢！
   A. 出　　　　B. 笔　　　　C. 层　　　　D. 段

7. 请问，55_____公共汽车的站点是在这儿吗？
   A. 号　　　　B. 路　　　　C. 辆　　　　D. 次

8. 从重庆开来的55_____列车，即将进站。
   A. 号　　　　B. 路　　　　C. 辆　　　　D. 次

9. 这是个小学校，总共才千_____个学生。
   A. 把　　　　B. 来　　　　C. 多　　　　D. 几

10. 我们班是个小班，人数虽然有变化，但总是_____，从来没有超过20个。
    A. 十几个　　　　　　B. 九、十个
    C. 十二四个　　　　　D. 十五来个

11. 你要_____种颜色的毛衣？我们这儿各种颜色的都有。
    A. 哪　　　B. 哪些　　　C. 什么　　　D. 怎么

12. _____家具都是欧洲风格的。
    A. 这些件　　B. 这几件　　C. 这些几件　D. 这件

七、讨论：
(1) 下面句子里的"们"用得对不对？为什么？

1. 房间里有很多人们。

2. 在韩国我有很多朋友们。

3. 这些人们都是我的同学们。

4. 这三个客人们我都认识。

5. 我跟三个中国朋友们一起去。

(2) 下面句子中的"一"是什么意思？

1. 我进去一看，里面坐了一屋子的人，都在等着我呢。

2. 看把你热的，一脸的汗，快去冲个澡吧。

3. 一辆大卡车开过，溅了他一身的水。

4. 别看他整天笑嘻嘻的，其实呀，一肚子的坏水儿。

5. 水管坏了，流了一地水。

（3）分析下面句子中"（一）个"的用法。

1. 一个不小心，被对方踢进了一个球。

2. 放心吧，明天保证让你玩儿个痛快。

3. 晚上有空吗？我们一起吃个饭。

4. 一个人不能太狂，得有自知之明。

八、为括号里的词语选择恰当的位置。

1. 这个西瓜才Ａ三Ｂ斤，只花了四Ｃ块Ｄ钱。（多）

2. 这个体育馆可以坐一Ａ万Ｂ个Ｃ人Ｄ。（多）

3. 上海Ａ有一千Ｂ八百Ｃ万Ｄ人口。（多）

4. 他去菜市场买了Ａ三十Ｂ斤Ｃ肉Ｄ。（来）

5. 不到一Ａ年Ｂ的时间，他已经掌握了一千Ｃ个Ｄ汉字。（来）

九、"0.5斤"是"半斤"，"0.5年"是"半年"，那么，下面括号里的数量用汉语怎么说？

1. 他买了_____水果。(1.5斤)

2. 他每周只要工作_____。(3.5天)

3. 我们等了他_____了。(1.5小时)

4. 他在中国住了_____了。(5.5年)

5. 再过_____，我们就要毕业了。(1.5月)

十、下面短语中，哪些在数词和量词之间可以加一个形容词？加什么形容词？

1. 他胃口特别大，每顿要吃三_____碗饭，可他太太胃口特别小，每天晚上只吃一_____块点心和一_____个苹果。

2. 前面已经放好了一_____排桌子，有十几张，是评委们坐的。每张桌子上放着一_____张纸和一_____支笔。

3. 学校附近有一_____片树林，每天早上都有很多学生在树林里读书，也有很多老人在那儿锻炼身体。

十一、改错。

1. 这些筐蔬菜是今天早上刚从郊县运来的。

2. 这场电影很有名，最近很多电影院都在放映。

3. 谁也没有想到，他竟然是一位小偷。

4. 除了汉语，你还会说哪几个外语？

5. 今年的游客数量比去年减少了三倍。

6. 他昨天下午在公园里钓到了一条十斤鱼。

7. 成千上百的人赶来欣赏这百年一遇的奇景。

8. 老大爷，您今年几岁了？是哪个年出生的？

十二、收集有关资料，用数字来介绍、说明自己的国家。

如：人口、面积、历史、国内生产总值增长（或负增长）、人均汽车拥有量、人均绿地拥有量、出生率、失业率、平均每个家庭的人数……

第 2 章

方位词、处所词语、时间词语和存现句

一、方位词

表示方向和相对位置的词是方位词。方位词有两种：单纯方位词和合成方位词。

（一）单纯方位词

单纯方位词都是单音节的词，包括：东、西、南、北、前、后、左、右、上、下、里、外、内、中、间、旁。

单纯方位词常常与名词组合起来使用。如：

> 教室里坐满了学生。
> 河西有一所小学。

单纯方位词有时也可以单独使用。如：

> 一直往前走，再往左拐。
> 黄土高原西起日月山，东至太行山，南靠秦岭，北抵阴山。

前面一句，方位词表示方向，在口语里常见。后面一句，方位词成对使用，表示处所，一般见于书面语。另外，在一些成语或习语中，方位词常常成对出现。如：

> 南来北往、东张西望、左思右想、里应外合
> 上有天堂，下有苏杭
> 前怕虎后怕狼

（二）合成方位词

合成方位词都是双音节的词，是在单纯方位词的前面加上"以""之"或者在后面加上"边""面""头"而构成的。合成方位词组合情况见下表：

		东	西	南	北	前	后	左	右	上	下	里	外	内	中	间	旁
前加	以~	+	+	+	+	+	+			+	+		+	+			
	之~	+	+	+	+	+	+			+	+			+	+	+	
后加	~边	+	+	+	+	+	+	+	+	+	+	+	+				+
	~面	+	+	+	+	+	+	+	+	+	+	+	+				
	~头					+	+			+	+	+	+				
其他	东南、东北、西南、西北、上下、前后、左右、当中、对面、中间、内外、底下															

(表中"+"表示能组合，空格表示不能组合)

上表"其他"部分中的方位词大多是由两个单纯方位词组合而成的，这种组合顺序是固定的，不能随意变换。如"前后、左右、上下"等，不能说成是"后前、右左、下上"，这跟中国人对世界的认知有关。

合成方位词不同于单纯方位词，在句中可以单独使用。例如：

> 前边走过来一群学生。
> 乌云渐渐向西北移去。
> 去年的期刊都在里头/面，今年的都在外头/面。

部分合成方位词如"之内、之外、之间、之中"等，不能单独使用，只能用在名词、代词、形容词、动词和数量词等词语的后边。例如：

> 校园之内、五天之内、千里之外、老弱病残之外
> 亲人之间、你们之间、优劣之间、谈笑之间
> 问题之中、群众之中、朋友之中、十人之中

典型错误

> * 学校的前是中山北路。
> * 新疆在中国的北西部。

分析：

1. 单纯方位词在句中较少单独使用，合成方位词在句中是能够单独使用的，在第一句这种情况下，应该使用合成方位词，说成：

    学校的前边是中山北路。

2. 有些单纯方位词可以两两组合成另一个方位词，其组合顺序是固定的，不能随意改换。如"东、西、南、北"只能组合成"东南、西北、东北、西南"，而不能组合为"南东、北西、北东、南西"。上面第二句应该说成：

    新疆在中国的西北部。

二、处所词语

表示处所的名词和名词短语是处所词语。能够表示处所的词或短语有：方位词、一些名词或代词，以及由名词和方位词组成的短语。

1. 方位词表示处所

单纯方位词不能单独表示处所；合成方位词能够单独使用，可以单独表示处所。例如：

    外边太热了，屋里有空调，进去谈吧。
    天还没黑，西边就升起了一轮圆月。

2. 名词表示处所

表示处所的名词包括表示范围、地点概念的名词和表示地名、国名的名词，如"周围、附近、郊区、图书馆、办公室、上海、天津、英国、意大利"等。例如：

    雷雨过后周围一片寂静。
    孩子站在门口不肯离去。
    他明天去北京出差。

这几年来中国学汉语的人越来越多了。

3. 名词和方位词组成的短语表示处所

方位词用在名词之后，构成名词短语，表示处所。例如：

学校后边是一个大操场。
桌底下放着一堆书。
车就停在门前。

单纯方位词中，"上"和"里"与名词结合的能力最强，一般情况下，"名词＋上/里"与"名词＋上/里＋边/头/面"构成的短语所表示的意义基本相同。例如：

文件在柜子里。/文件在柜子里边。
围墙上画满了图画。/围墙上面画满了图画。

与单纯方位词"上/里"不同的是，"上/里＋边/头/面"构成的合成方位词可以重读，而且意义重点转移到合成方位词上，这时"名词＋上/里"与"名词＋上/里＋边/头/面"构成的短语所表示的意义可能不同。比如"柜子里/柜子里边"是指柜子里边的任何一部分；而如果"里边"读重音，"柜子'里边"，除了表示强调以外，有可能是指柜子里靠里边的那一部分。

典型错误

* 我常常在沙发睡觉。
* 我现在在华东师范大学里学习。

分析：

普通名词表示处所时，要在后边加上方位词，"沙发"是普通名词，后边不加方位词，就不能准确地表示处所。表示具体地名的专有名词本身就可以表示处所，不能再加方位词"里"。上面两句话应该改成：

我常常在沙发上睡觉。

我现在在华东师范大学学习。

三、时间词语

表示时间的名词和名词短语是时间词语。时间词语分为两种：一是表示时点的词语，如"1号、两点、星期天、2007年、中秋节、春天、刚才、今天"等；二是表示时段的词语，如"两个小时、五年、一周"等。

能够表示时间的词和短语包括时间名词、数量词及名词或数量词与方位词构成的短语等。

1. 时间名词如"去年、今年、一会儿、刚才、前天、后天、春天、冬季"等，它与一般名词不同，可以直接修饰动词。如：

食堂中午开门。

这本书，小弟弟一会儿就看完了。

这种鸟春天飞回来，冬天再飞回去。

2. 数量词表示时间，如"一月、三号、六天"。如：

他们八点半上课。

今年暑假只休息了十天。

3. 名词或数量词与方位词构成名词短语表示时间。有些单纯方位词可以直接与名词或数量词组合表示时间。如：

上星期、下星期、前十天、后十天

十天前、三周后、一年里、期限内

合成方位词如"之内、之前、之后、以后"等也可以直接用于数量词之后表示时间。如：

一周之内、两点之前、二十年之后、十二点以后

典型错误

* 我们见面六点半晚上明天。
* 我在北京去年住过一段时间。

分析：

跟处所表达方式一样，汉语里时间词语的排列顺序是从大到小，如果句子既有处所词语又有时间词语，一般时间在前，处所在后。所以，上面两句话应该说成：

我们明天晚上六点半见面。

我去年在北京住过一段时间。

四、"在"字句、"有"字句、"是"字句

1. "在"字句

"在"字句的格式是：

> 人/事物＋"在"＋处所

如：

他弟弟在日本，他妹妹在法国。

晚饭在冰箱里。

"在"字句里，表示人或事物的词语处在主语位置上，人或事物是已知的、确定的，如上例的"他弟弟、晚饭"。

一般情况下，"在"都要带处所宾语，如"老师不在办公室"。但在询问或回答某人或某物是否存在时，可以省略宾语。例如：

你爸爸在吗？——在/不在。

2. "有"字句

这里指用"有"表示存在的句子,格式是:

> 处所+"有/没有"+人/事物

如:

> 窗外有一颗树。
> 屋里有人。/屋里没有人。

这类句子里,表示人或事物的词语处在宾语位置上,这时该人或事物对于听者来说是新信息。

3. "是"字句

这里,"是"字句是指用动词"是"对于存在物作出判断的句子,格式是:

> 处所+"是/不是"+人/事物

如:

> 前边是一条小路。
> 操场中间是足球场。
> 学校对面是家属区。

这类句子跟表示存在的"有"字句类似,但是,"有"字句只是表示存在,"是"字句不仅表示存在,而且对于存在物作出了确认和判断。如:

> 墙上有一幅梵高的画。(也许还有其他的画或物)
> 墙上是一幅梵高的画。(墙上有东西,这东西就是梵高的画,不是别的)

典型错误

* （想去办公室找老师，问同学）老师有吗？
* 对面有"萌芽小学"。

分析：

"在"字句、"有"字句、"是"字句都能够表示存在，但用法上是有区别的。

1. 询问或说明确定的人或事物是不是存在，要用"在"字句，不能用"有"字句。上面第一句应该说成：

    老师在吗？／老师在办公室吗？

2. "有"字句的宾语一般是引出对于听话人来说未知的人或事物，往往有数量词修饰；如果是确认一个已知的存在物，要用"是"字句。所以，我们可以说：

    对面有一个学校。
    对面有一个"萌芽小学"。
    对面就是"萌芽小学"。

五、存现句

存现句指表示某处存在、出现或消失某种事物的句子。存现句可以分为两类：存在句和隐现句，形式都是句首为表示处所的词语，表示存在、出现、消失的名词在动词之后。

1. 存在句

存在句指表示人或事物存在的句子。除了表示存在的"有"字句和"是"字句以外，一般的存现句的句式为：

> 处所词语＋动词＋"着"＋名词（表存在的事物）

如：

床下堆着一大堆脏衣服。
街道两旁摆放着很多盆花儿。
客厅里放着一架巨大的钢琴。

存在句句首的处所词语表示事物存在的处所，是陈述的对象，因此不必加介词"在"。存在句的宾语一般不是单个的名词，前面常有数量限制。

2. 隐现句

隐现句指表示人或事物在某处或某一时间出现或消失的句子。一般隐现句的句式为：

处所（时间）词语＋动词短语＋名词（表出现或消失的事物）

如：

院子里长出了一棵樱桃树。（出现）
前面开过来一辆车。（出现）
昨天农场里死了一头牛。（消失）
今天又跑掉了三个人。（消失）

与存在句相同，位于句首的处所词语或时间词语一般不加介词"在、从"。隐现句的谓语动词后常常带有补语或"了"，如"开过来、长出来、死了"，宾语前面常有数量词语做定语，如"一辆车、三个人、好几条"。

典型错误

﹡ 在桌子上放着书。
﹡ 从后面窜出来猫。

分析：

存现句句首的处所词语和时间词语前一般不用介词"在、

从",宾语是不确定的事物,这是存现句的特点。所以,上面两句话应该改为:

桌子上放着几本书。
后面窜出来一只猫。

练　习

一、在下列各句的空格内填写适当的方位词。

1. 清晨路_____行人很少。

2. 看到好朋友走了,英子心_____非常难过。

3. 街道两_____种了好多梧桐树。

4. 朋友_____还分什么你我呀?

5. 下班_____大家一起去探望他吧。

6. 今天报_____又登了他的消息。

7. 他毕业_____就找好了工作。

8. 大雪过后,长城_____一片银白。

9. 人们习惯上把长江_____叫北方,_____叫南方。

10. 奶奶把孙子抱在怀_____,坐在摇椅_____乘凉。

二、改错。

1. 人有吗？

2. 在路边长着草。

3. 电影院里是人。

4. 一本书在桌子上。

5. 几个人在教室里。

6. 前边开一辆汽车来。

7. 仓库里堆一些箱子。

8. 他病了，躺在床里。

9. 他兴奋得眼里含泪光。

10. 事故发生地围很多人。

11. 他在门口边等了半天。

12. 在大门口挂着一对大灯笼。

13. 请把看完的杂志放回到书架。

14. 我今年夏天调到深圳里工作了。

15. 我们家楼上有老李家，楼下有老张家。

16. 这个地方交通太复杂了,初来乍到的分不清东北西南。

三、观察下面句子,讨论一下句子中的"有"表示什么意思。

1. 我没有钱,也没有时间。

2. 大家的写作水平有了很大的提高。

3. 做了三个月,没有一点儿进展。

4. 这里的一切有了明显的变化。

5. 你有二十了吧?

6. 这条路大约有500米长。

7. 我来中国有半年了。

8. 中国有着悠久的历史。

四、观察下面句子,讨论一下句子中的"是"表示什么意思,都是动词吗?

1. 他是广东人。

2. 一刻钟是十五分钟。

3. 他不是生气,是开玩笑。

4. 好是好,就是太贵了。

5. 你父亲这样说是有道理的。

6. 你说的没错，这电影是好看。

7. 他是急性子，我是慢性子。

8. 你是无所谓，可是我不能无所谓啊！

五、观察下面的句子，讨论一下什么时候用"中"，什么时候用"里"。

1. 他肚子里有很多故事。

2. 水里有很多鱼儿在游动。

3. 篮球比赛正在进行中。

4. 这本来就是意料中的事。

5. 他的朋友中有好几位是大富翁。

六、观察下面的句子，讨论一下这里的"这儿/那儿"起什么作用。

1. 门那儿有把扫帚。

2. 箱子就放在桌子那儿吧。

3. 老师让你去他那儿一下。

4. 我这儿刚好有一张她的照片。

七、想想下面例子里的"前"是什么意思。

1. 前苏联

2. 前首相

3. 前十年

4. 十年前

5. 朝前看

6. 前一站

7. 前因后果

八、用存在句描述一下你现在所在房间的布置。

第3章

"的""的"字结构和"是……的"句

一、定语和"的"

用来修饰或限定名词（中心语）的成分称为定语，汉语里定语在中心语的前面。定语可以由形容词和形容词性短语，代词、名词和名词性短语，动词和动词性短语，主谓短语，数量结构等构成，用来表示中心语的数量、时间、处所、领属、来源、性质、状态、质料、用途、目的、产地等。

> 定语＋（的）＋中心语

如：

<u>一本</u>书（数量）　　　　<u>旧</u>自行车（性质）

<u>昨天的</u>节目（时间）　　<u>大大的</u>眼睛（状态）

<u>桌子上的</u>书（处所）　　<u>木头</u>桌子（质料）

<u>我们</u>学校（领属）　　　<u>吃饭的</u>碗（用途）

<u>从韩国进口的</u>泡菜（来源）　<u>来开会的</u>人（目的）

<u>前往北京的</u>旅客（方向）　<u>绍兴</u>黄酒（产地）

要注意的是，"的"虽然是定语的标志，但是定语后面并不一定要用"的"。定语后面用不用"的"跟定语的类型有关。一般来说：

1. 如果定语是表示限制的数量词，就不加"的"。如：

他买了<u>三本</u>书。

奶奶给我们讲了<u>一个</u>故事。

但表示描写的数量词，要加"的"。如：

他买了一块<u>三斤多</u>的肉。（"三斤多"描写"这一块肉"有多重）

屋子里放着<u>一箱一箱</u>的书。（"一箱一箱"表示"很多"）

2. 如果定语是表示"性质""质料""类别/科目""用途"等的名词，一般不加"的"。如：

> 墙上挂着一张世界地图。
> 餐厅里用的都是塑料杯子。
> 我们的数学老师很棒。
> 自行车是中国人的交通工具。

时间、处所（包括方位）等词语做定语，一般要加"的"。如：

> 昨天的晚会很有意思。
> 这是上个星期的牛奶，不能喝了。
> 那儿的人非常热情。
> 我看不清楚黑板上的字。

3. 如果定语和名词（中心语）之间是人/集体/机构与事物之间的"领属"关系，那么无论是人称代词还是名词做定语，一般都要用"的"。如：

> 我的钱包不见了。
> 请把你的姓名和地址，还有电话号码都写下来。
> 我今天开了一下小李的车，挺不错的。
> 留学生也常在学校的游泳池游泳。
> 公司的东西不能随便拿。

如果定语和名词（中心语）之间是人与人/集体/机构之间的"领属"关系，那么人称代词做定语时后面可以加"的"，也可以不加，但口语中常常不加；名词做定语，后面则要加"的"。如：

> 我（的）哥哥、姐姐、弟弟、妹妹　　吴老师的哥哥
> 你（的）爸爸、妈妈、爷爷、奶奶　　丽丽的姐姐
> 他/她（的）同学、同屋、同事　　　总经理的妈妈
> 我们（的）老师、师傅、教练、学校　李华的老师
> 你们（的）公司、商店、班　　　　　爸爸的公司

他们/她们（的）工厂、医院、幼儿园　弟弟的幼儿园

有三点要注意：第一，我的公司≠我们公司。如果你是公司的职员，跟别人说话时提到自己工作的单位，应该说"我们公司"；如果公司是你自己的（你是公司的老板），才说"我的公司"。第二，有的时候，我们的老师≠我们老师。"我们的老师"中的"我们"指学生，而"我们老师"中的"我们"在句子的上下文中，有时指学生，有时就是指老师自己。"同位语"中间不能加"的"。例如："我们（的）老师很好，学生们都喜欢她"；"同学们都参加，我们老师当然也要参加"。第三，丽丽的姐姐≠丽丽姐姐。在"丽丽的姐姐"中，"丽丽"是妹妹，而在"丽丽姐姐"中，"丽丽"就是姐姐自己，或者说是姐姐的称呼。

4. 如果定语是形容词的话，通常情况下，单音节形容词（一个字的形容词）后面不加"的"。如：

> 这是刚上市的新茶，很好喝。
> 我们是好朋友，不用客气。
> 我们走近路，肯定比他们快。

只有为了特别强调或者对比时，才会加"的"。如：

> 把那个重的箱子给我，你拿轻的。

双音节形容词一般要加"的"。如：

> 她很喜欢这座美丽的城市。
> 正确的意见我总是听的。
> 这种舒服的生活对他并不好。

也有一些双音节形容词，跟某些名词结合得比较紧密，好像固定的词语，后面不用"的"。如：

> 他是个老实人，你们不要欺负他。
> 他们公司是纳税的先进单位。
> 那是电影院的紧急出口。

如果形容词前面有别的词语修饰它，或者形容词是重叠形式等，那么就一定要加"的"。如：

> 我们是非常好的朋友。
> 那么大的西瓜我们两个人怎么吃得了？
> 大热天喝一碗冰凉的酸梅汤，特别解渴。
> 她买了一个很漂亮的手提包。
> 乱哄哄的教室怎么学习？
> 小白兔红红的眼睛，长长的耳朵，真可爱。

注意："多"和"少"是两个很常用，但又比较特殊的形容词。我们不能直接把"多"和"少"放在名词的前面，比如我们不能说"教室里有多人""她带了少东西"，而要在它们前面加上程度副词"很""非常"等词语后才能放在名词的前面，"很多""好多""不少"后面可以不用"的"，但"很少"后面一定要加"的"。如：

> 教室里有很多人。
> 小李喝了不少酒。
> 商店里好多东西在打折。
> 她带了非常少的东西就来了。

汉语里有一种比较特别的形容词，只能修饰名词，不能当谓语（一般形容词可以当谓语），本身也不能受程度副词修饰（比如：*很大型、*非常彩色），叫作"非谓形容词"（也叫"区别词"）。非谓形容词的后面一般不加"的"。如：

> 她买了一副银耳环。
> 他在一家大型企业工作。
> 这台黑白电视虽然很旧了，但是还能看。

5. 如果定语是动词、动词短语、主谓短语或介词结构，一般要加"的"。如：

> 我买了一本刚出版的《每周电视》。

晾在外面的衣服已经干了。
参观展览的人越来越多。
她写的小说很好看。
最近我们听到不少关于小王的绯闻。

如果不加"的",结构和意义往往会发生变化,试比较下面的句子:

他今天从家里带饭去学校。/今天带的饭太少,不够吃。
我就喜欢看电影。/小时候看的电影我现在还记得住。

但有一些双音节动词,经常放在某些名词前面做定语,比较固定,不加"的"也不会引起误解。如:

研究小组已经成立了。
你的学习计划做得很好。
考试成绩已经出来了。

典型错误

* 她偷偷的离开了家。
* 我买了一张中国的地图。
* 我家后面有一个大漂亮的花园。
* 我小孩子的时候每天去打网球。
* 她昨天送给我那本书非常好看。

分析:

1. "的"是定语的标志,"地"是状语的标志,"偷偷(地)"在句子中是状语。

2. 如果别人问你,"你买了一张什么地图",你应该回答"我买了一张中国地图",因为这张地图画的是中国。又如"上海地图""北京地图"等。"中国"和"地图"之间没有领属关系,所以不能用"的"。

3. 单音节形容词可以直接放在名词的前面，不用加"的"，双音节形容词一般要加"的"。当一个单音节和一个双音节形容词同时出现的时候，应该是："双音节形容词＋的＋单音节形容词＋名词"。

4. 汉语里不说"小孩子的时候"，要说"小时候"。但是不能说"大时候""老时候"，要说"长大以后""老的时候"，这是固定的说法。例如："小时候我不吃肉，长大以后吃了"；"年轻时不懂得什么是爱情，（到）老的时候才明白"。

5. 第五句要说的是："那本书非常好看"，"那本书"前面有一个主谓短语"她昨天送给我"做定语，因此要在主谓短语的后面加上"的"。试分析下面的句子：

她昨天送给我一本书
那本书非常好看——→她昨天送给我的那本书非常好看。

所以，上面的句子应改成：

她偷偷地离开了家。
我买了一张中国地图。
我家后面有一个漂亮的大花园。
我小时候每天去打网球。
她昨天送给我的那本书非常好看。

二、复杂的定语

有的时候，名词（中心语）前面有几个定语，就成了复杂的定语，或者说多个定语。复杂定语的排列有一定的规律，不是随便放的，大致的顺序如下：

> 表示领属关系的词语＋表示时间/处所的词语＋指示代词＋数量词语＋各类短语＋不加"的"的形容词/名词＋中心语

一般来说，不可能同时出现那么多定语，出现两三个或者三四个的比较多。如：

马丽买了<u>一本</u><u>英汉</u>词典。
　　　　②　　①

<u>那个</u><u>小</u><u>女孩儿</u>好像迷路了。
③　②①

这是<u>我们</u><u>今天</u><u>在上海的</u><u>活动</u>安排。
　　④　　③　　②　　①

我<u>在巴黎买的</u><u>那瓶</u><u>高档</u>香水怎么不见了？
　　③　　　②　①

他是<u>我们公司</u><u>一位</u><u>最老的、最有经验的</u>员工。
　　④　　　③　　　②　　　①

苏州是<u>一座</u><u>非常</u><u>美丽的</u><u>旅游</u>城市。
　　　③　　②　　①

<u>那本</u><u>从学校图书馆借来的</u>书被我弄丢了。<u>你从学校图书
②　　①　　　　　　　　　　　　　　②
馆借来的</u><u>那本</u>书被我弄丢了。
　　　　　①

她是<u>我最不想见，但又不得不见的</u>人。
　　②　　　　①

咖啡馆里进来<u>一群</u><u>戴着太阳镜、穿着T恤衫和牛仔裤的</u>
　　　　　　⑤　　④　　　　　　　③
<u>美国</u>女孩儿。
②　①

要注意的是，有时候为了突出某个定语，说话人会把这个定语"移位"，尤其是把"指示代词＋数量词语"后面的定语移到前面。如：

这是<u>一道</u><u>我最喜欢吃的</u>中国菜。——这是<u>我最喜欢吃的</u>
<u>一道</u>中国菜。

<u>那本</u><u>你从图书馆借来的</u>书被我弄丢了。——<u>你从图书馆
借来的</u><u>那本</u>书被我弄丢了。

吃午饭的时候，我要了<u>一个最贵的菜</u>。——吃午饭的时候，我要了<u>最贵的一个菜</u>。

<u>这双在上海买的意大利</u>皮鞋穿着特别舒服。——<u>在上海买的这双意大利</u>皮鞋穿着特别舒服。

另外，为了使句子连贯简洁，一个句子中最好不要连续使用几个"的"。如：

他的文章的主要的内容是什么？→他文章的主要内容是什么？

站在你的后面的那个人是谁？ →站在你后面的那个人是谁？

站在你的后面的那个戴帽子的人是谁？→站在你后面那个戴帽子的人是谁？

典型错误

* 他是一位我们公司的好经理。

* 我听不懂他们对我的说话。

* 我们参观过很多上海的博物馆。

分析：

1. 表示领属关系的定语要放在最前面。
2. "的"要放在主谓短语的后面，中心语的前面。
3. 处所定语要放在描写性词语的前面。

上面的句子应改为：

他是我们公司的一位好经理。

我听不懂他们对我说的话。

我们参观过上海很多（的）博物馆。

三、"的"字结构

我们把"的"放在其他词语（名词、代词、形容词、动词、动词短语、主谓短语等）的后面就可以组成"的"字结构。"的"字结构的功能相当于一个名词，用来指明某个/类人、某个/类东西等。"的"字结构的意思可以在句子的上下文中清楚地知道。如：

这本词典是<u>英语的</u>。（英语的＝英语词典）
这辆自行车是<u>我的</u>。（我的＝我的自行车）
我姐姐喜欢蓝颜色的毛衣，我喜欢<u>黑的</u>。（黑的＝黑毛衣）
<u>吃的</u>买来了。（吃的＝吃的东西）
那个<u>跳舞的</u>是我的女朋友。（跳舞的＝跳舞的人）
<u>穿黄裙子的</u>唱得最好。（穿黄裙子的＝穿黄裙子的人）
她买的苹果好吃，<u>你买的</u>不好吃。（你买的＝你买的苹果）
现在生活好了，<u>吃的、穿的、用的</u>，要什么有什么。（吃的、……＝吃的东西、……）
我喜欢吃肉，但不吃<u>肥的</u>。（肥的＝肥肉）

"的"有时用在两个相同的动词或动词短语中间，表示"有的（人）（做）……"，但这样"相同的动词或动词短语"必须要两组或两组以上一起使用。如：

他们在老师家<u>吃的吃，喝的喝</u>，可高兴啦。
（吃的＝吃的人，喝的＝喝的人；吃的吃，喝的喝＝有的人吃，有的人喝）
大家<u>擦的擦，扫的扫</u>，一会儿就把屋子打扫干净了。
（擦的＝擦的人，扫的＝扫的人；擦的擦，扫的扫＝有的人擦，有的人扫）

同学们写的写，画的画，布置的布置，很快就把会场弄好了。

教室里念书的念书，讲话的讲话，唱歌的唱歌，根本没有人理他。

典型错误
* 穿红衣服是我妹妹。
* 我们老师是女人。
* 这瓶啤酒是我，那瓶才是你。

分析：

1. 第一句中，动词短语"穿红衣服"本身不能指人，如果要指人，可以说"穿红衣服的人"，也可以只说"穿红衣服的"，相当于"穿红衣服的人"。

2. 在指出从事某个职业的人是男性还是女性时，汉语里通常有两种方式：一种是在职业或职务前加上"男"或"女"，比如"男老师""女老师""男经理""女老板""男司机""女司机"等；另一种是用"的"字结构来表示，比如"我们口语老师是（个）男的""你们店里服务员的态度很差，特别是那个女的"。

3. 汉语里没有专门的名词性物主代词，比如英语里的"mine, his, hers, its, ours, yours, theirs"。如果要表示某个东西是属于某人的，应该用"的"字结构："我（们）的、你（们）的、他/她（们）的"，比如，"这些书是她的，不是我的"。

因此，上面的句子应改为：

穿红衣服的是我妹妹。
我们老师是女的。
这瓶啤酒是我的，那瓶才是你的。

四、"是……的"句（1）

用"是……的"句（1）说的事情，是已经发生的事实，说话人和听话人对动作行为本身都很清楚，但说话人想知道或告诉别人事情发生的具体时间、地点、方式、目的、条件以及是谁做的等，就可以用"是……的"句来表示。

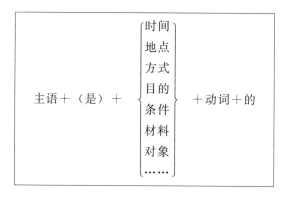

如：

他俩是<u>什么时候结婚</u>的？　　他俩是<u>上个星期结婚</u>的。
罗大力是<u>从哪儿来</u>的？　　他是<u>从德国来</u>的。
你是<u>怎么去</u>的？　　我是<u>走去</u>的/<u>开车去</u>的。
你是<u>不是为这件事来</u>的？　　我是<u>专门为这件事来</u>的。
火车牌是<u>怎么买到</u>的？　　火车票是<u>在小王的帮助下才买到</u>的。

这条裙子是<u>用什么材料做</u>的？　　这条裙子是<u>用丝绸做</u>的。
她这话是<u>对谁说</u>的？　　她这话是<u>对我说</u>的/<u>说给我听</u>的。

如果"是……的"中间的动词带宾语，宾语可以放在"的"的前面，比如"我是跟我爸爸一起去看<u>展览</u>的""他们是坐飞机去<u>北京</u>的"，也可以把宾语放在"的"的后面，尤其是在口语里。如：

昨天晚上我是在影城看的电影。
我是前天买的火车票。
她是用冷水洗的脸。
她是从美国打来的电话。

但如果是人称代词宾语，通常放在"的"的前面。如：

这个消息是老师告诉我的。
他们是昨天上午来看我的。

当说话人想知道、想确认或者要指出是"谁"做了某件事时，可以这样说：

花儿是谁买的？　　　　　　花儿是我男朋友买的。
这首诗是谁写的？　　　　　这首诗是大诗人李白写的。
这个消息是什么人告诉你的？　这个消息是老师告诉我的。
衣服是杰克自己洗的吗？　　衣服是杰克自己洗的。

也可以把"是"放在最前面（主语前面），结构是：

> 是＋施事＋动词短语＋的

如：

是谁告诉你的？　　　　是我同学告诉我的。
是谁让你进来的？　　　是秘书让我进来的。
是你把空调关掉的吗？　是我把空调关掉的。
　　　　　　　　　　　是老林发的言，我没发。
　　　　　　　　　　　是哥哥修好的电视。

"是……的"句（1）还可以用来指出产生某种结果的原因：

> （结果/事实）＋是＋原因＋的

如：

第3章 "的""的"字结构和"是……的"句

她的脸那么白,是吓的。
你怎么那么黑?——是太阳晒的。
听说小刘病了,是累(病)的。
她哭得那么厉害都是想家想的。
我手上的伤是被玻璃划的。

"是……的"句(1)的否定式是在"是"的前面加"不",即"不是……的":

我不是从美国来的,我是从加拿大来的。
不是我让她进来的,是她自己进来的。
我手上的伤不是被玻璃划的,是他打的。

典型错误

* 我们是明天坐火车去北京的。/我们明天是坐火车去北京的。
* 他们是坐飞机去北京了。
* 你是什么时候来上海?/晚会是八点开始。
* 我是跟她一起到上海来的学习汉语。

分析:

1. 表示将来发生的事情不能用"是……的"句(1)。比较:

    小李什么时候走?(还没走)
    小李(是)什么时候走的?(已经走了)
    老吴骑自行车去。(还没去)
    老吴(是)骑自行车去的。(已经去过了)

2. 因为"是……的"句(1)表示的是已经发生的事情,所以句子里不能再用"了"了。请比较下面几段对话:

    (1) 甲:他吃药了吗?
        乙:(他)上午吃了,中午还没有。

甲：别忘了提醒他吃药。
(2) 甲：大夫，他已经吃过药了。
乙：(是)<u>什么时候</u>吃的？
甲：<u>早上八点半</u>吃的。

用"了"的时候，说话人是想知道"某件事做了没有"或告诉别人"做了什么事"，重点在动词上；而用"是……的"的时候，说话人是想知道或告诉别人，某件事是"在什么时候""什么地方"做的、"怎么"做的等等，重点在"时间""地点""方式"等词语上。

3. 在"是……的"句（1）中，"是"可以省略，但"的"不能省略。

4. 句子中有连动结构时，"的"要放在最后一个动词（短语）的后面（关于动词后面带宾语的情况，请见下面）。

因此，上面的句子应改为：

我们明天坐火车去北京。
他们是坐飞机去北京的。
你是什么时候来上海的？/晚会是八点开始的。
我是跟她一起到上海来学习汉语的。

五、"是……的"句（2）

"是……的"句（2）这种句子表示一种肯定的语气（语气的强弱则根据说话人而有所不同），用来强调说话人的看法、意见或态度等。"是……的"的中间是要强调的内容：

主语＋是＋谓语＋的

如：

你不了解他，他是<u>很会唱歌</u>的。

酒他是很能喝的。

他是好人还是坏人，我是看得出来的。

她就是故意这么做的。

这个问题是很容易解决的。

脸上看不出来，可是她心里是很难过的。

上海的夏天是很热的。

我是很佩服她的。

开车去是可以的。

注意："是……的"句（1）跟"是……的"句（2）有几点不同：

第一，"是……的"（2）主要用来加强语气，可以把"是……的"拿掉，句子仍然成立。试比较下面的句子：

他很能喝酒。　　　　　　他是很能喝酒的。

牛肉我很喜欢吃。　　　　牛肉我是很喜欢吃的。

开车去可以。　　　　　　开车去是可以的。

而"是……的"句（1）如果去掉"（是）……的"，句子就不成立，或意思不一样了：

他们是坐飞机去北京的。（已经去了）

他们坐飞机去北京。（还没有去）

他俩上个星期结婚的。　　＊他俩上个星期结婚。

这个消息是老师告诉我的。　＊这个消息老师告诉我。

第二，"是……的"句（1）表示的是已经发生的事情，而"是……的"句（2）可以强调可能会或可以发生的行为动作。试比较下面的句子：

他是昨天来的。　　　　他是会来的。

我是开车去的。　　　　开车去是可以的。

第三，在"是……的"（1）中，如果动词带宾语，宾语可以放在"的"的前面，也可以放在后面；而"是……的"（2）中宾语必须放在"的"的前面。试比较下面的句子：

她是从美国打电话来的。　她是从美国打来的电话。
我是很佩服她的。　　　　＊我是很佩服的她。

第四，"是……的"句（1）的否定式是在"是"的前面加"不"，即"不是……的"；而"是……的"句（2）的否定式则是在"是……的"的中间（即"是"的后面）加上否定形式。试比较下面的句子：

我不是从美国来的。　　我是<u>不会说（出来）</u>的。
这花儿不是我送的。　　她是<u>不赞成我学习汉语</u>的。
我不是来学习汉语的。　像你这样是<u>学不好汉语</u>的。

典型错误

＊ 这个问题不是能解决的。
＊ 这不是可能的。
＊ 只要努力，我们是一定能学好的汉语。
＊ 他们的关系跟十年前是一样，没有改变。

分析：

1. "是……的"句（2）的否定式是把否定词放在"是……的"的中间，而不是放在"是"的前面。

2. "是……的"句（2）中的"的"一定要放在句尾，无论动词带不带宾语。

3. "是……的"句（2）中的"的"不能省略。

上面的句子应改为：

这个问题是不能解决的。
这是不可能的。
只要努力，我们是一定能学好汉语的。
他们的关系跟十年前是一样的，没有改变。

第 3 章 "的""的"字结构和"是……的"句

练 习

一、请判断下列句子的横线上要不要填"的",并在要填的地方打√。

1. 她买了一条____新____裙子。

2. 她买了一条漂亮____花____裙子。

3. 正在讲话____老师姓李。

4. 我开____这辆____车是借来____。

5. 他从小就想当一名职业足球____运动员。

6. 长风公园是一个____美丽____公园,每天都有很多____人去玩儿。

7. 这个____又大又红____苹果是你____吗?

8. 那个那么漂亮____陶瓷____茶____杯被我打破了。

9. 我昨天____晚上看____那部____电影挺有意思的。

10. 我____职业是出租车____司机。

11. 他买了一瓶____一百多块钱____葡萄酒。

12. 上海____人经常去看____博物馆是历史____博物馆。

二、请判断下列句子对不对，对的打√，错的打×。

1. 她电脑很高级。　　　　　　　　　　　　（　）
   她的电脑很高级。　　　　　　　　　　　（　）

2. 这是麦克地图。　　　　　　　　　　　　（　）
   这是麦克的地图。　　　　　　　　　　　（　）

3. 他是我的中国朋友。　　　　　　　　　　（　）
   他是我的中国的朋友。　　　　　　　　　（　）

4. 老板可不喜欢听这样的话。　　　　　　　（　）
   老板可不喜欢听这样话。　　　　　　　　（　）

5. 调皮的孩子大都很聪明。　　　　　　　　（　）
   调皮孩子大都很聪明。　　　　　　　　　（　）

6. 爸爸妈妈的到来让玛丽很兴奋。　　　　　（　）
   爸爸妈妈到来让玛丽很兴奋。　　　　　　（　）

7. 他法语的老师唱歌唱得特好。　　　　　　（　）
   他的法语老师唱歌唱得特好。　　　　　　（　）

8. 我听懂了约翰念的课文。　　　　　　　　（　）
   我听懂了约翰念课文的。　　　　　　　　（　）

9. 你知道我们的下次考试时间吗？　　　　　（　）
   你知道我们下次考试的时间吗？　　　　　（　）

三、请判断下面每对短语的意义是否相同，相同的请画上"＝"，不同的请画上"≠"。

　　例：他姐姐＝他的姐姐

1. 小李叔叔　　　　小李的叔叔

2. 我们学校　　　　　我们的学校

3. 我同屋　　　　　　我的同屋

4. 韩国朋友　　　　　韩国的朋友

5. "成功"公司　　　　成功的公司

6. 班主任老师　　　　班主任的老师

7. 老姑娘　　　　　　老的姑娘

8. 上海电视台　　　　上海的电视台

9. 进口电视机　　　　进口的电视机

10. 小花狗　　　　　 小花的狗

四、请判断下面的句子要不要加"的",一定要的请加上"的",可加可不加的请写上"(的)",不能加的请画上"×"。

1. 孙娜买了一本现代汉语____词典。

2. 妈妈在法国做皮包____生意。

3. 他为他____妻子买了一个____漂亮____钱包。

4. 你这样____说是不对____。

5. 请说说你____在英国____经历。

6. 他是一位资深____对外汉语____教师。

7. 改革开放以后,农民____生活____水平有了很大____提高。

8. 他们终于有了自己____房子。

9. 我____学习____成绩在班上是比较好____。

10. 看见她浑身是血地进来，一屋子____人都呆住了。

五、请把"的"放入下列句子中最合适的位置。

1. 这 A 衣服是 B 我 C 借 D，别弄脏了。（的）

2. 我们 A 公司会修电脑 B 就他们 C 两个人 D。（的）

3. 用这种 A 方法学习 B 汉语 C 是最笨 D。（的）

4. 我 A 同学是去年 B 6 月 C 来 D 中国。（的）

5. 那边 A 穿粉红色 B 毛衣 C 是我 D 妹妹。（的）

6. 昨天 A 晚上我是在学校 B 餐厅 C 吃 D 晚饭。（的）

7. 听力 A 老师总是喜欢 B 找 C 我 D 麻烦。

8. 中国 A 文化是吸引 B 我来中国学习汉语 C 重要 D 因素之一。（的）

9. 你帮了我 A 大 B 忙 C，要不然我就误了飞机了 D。（的）

10. 小江 A 这个人做 B 事情总是马马虎虎 C，让人不放心 D。（的）

11. 我是在"美丽 A 家具 B 城"买 C 这张双人 D 沙发。（的）

12. 你看，刚刚进 A 教室 B 就是我们 C 数学老师 D。（的）

六、请按照下面的例子改写句子。

例：周芳做了意大利面。意大利面好吃极了。
　　周芳做的意大利面好吃极了。

1. 我买了裙子。裙子很漂亮。

2. 我们去参观了一个工厂，那个工厂离我们学校很远。

3. 我们昨天晚上看了电影。电影不太好看。

4. 王小平常常去超市。那个超市就在马路对面。

5. 我认识那个女孩子。她是西安人。

6. 她们穿衣服。衣服都是名牌。

例：有个人坐在老李后面。那个人是谁？
　　坐在老李后面的那个人是谁？

7. 留学生去参观展览。留学生不太多。

8. 衣服晾在外面。衣服已经干了。

9. 妹妹住在罗马。她明天来上海看我。

10. 有人在候车室等车。等车的人很多。

11. 有个小姑娘站在商店门口。那个小姑娘在哭。

12. 那个人开公共汽车。那个人是我哥哥。

七、请用恰当的动词填空。

例：他（买）的礼物我非常喜欢。
1. 姚明很高，所以他（　　）的床特别长。

2. 他（　　）的是一位泰国姑娘。

3. 我特别爱吃爸爸（　　）的菜。

4. 她在晚会上（　　）的韩国歌真好听。

5. 我们公司（　　）的产品，质量是最好的。

6. 来中国以后，中村（　　）的中国朋友不太多。

7. （　　）后面的那位先生，请你坐下来。

8. 这里是医院，你们（　　）的声音能不能小一点儿。

9. 我太太（　　）的咖啡很香。

10. 我（　　）她的电子邮件都退回来了。

八、请按照下面的例子用"是……的"把短语改写成句子，并想一想句子的意思。

　　绿色的毛衣──→这件毛衣是绿色的。
　　1. 我的电影票

　　2. 进口轿车

　　3. 大号的T恤衫

　　4. 爸爸的茶

　　5. 木头椅子

　　6. 彩色电视

7. 越南水果

8. 妹妹的玩具

9. 耐克鞋

10. 旧飞机

九、请改正下列句子中不对的地方。

1. 她有一双非常漂亮眼睛。

2. 中国人常常听不懂我们的说话。

3. 菜太辣,所以我喝了不少的杯饮料。

4. 你总是爱吃那么甜东西,还能不胖吗?

5. 苏州是一座名副其实花园的城市。

6. 他们是去年结婚了。

7. 我和他不仅是老的朋友,而且是最好朋友。

8. 老师是明天坐飞机去北京的。

9. 天太冷时候,我早上不起床。

10. 我是不从韩国来的,我是从日本来的。

11. 这束玫瑰花儿是送给的她。

12. 我也要买你那样自行车,骑起来舒服。

十、请在下列对话中需要的地方填上"的",然后跟同桌一起操练对话。

1. 甲:你们寝室____人昨天____晚上都干嘛去了,怎么一个人也没有?
   乙:去参加学校组织____留学生____联欢晚会了。
   甲:好玩儿吗?
   乙:挺好玩儿的。大家唱____唱____,跳____跳____,一个个都玩儿得很开心____。

2. 甲:你拿到这学期____课表了吗?
   乙:今天____下午刚拿到____。
   甲:你课多吗?
   乙:挺多____。不过,我看了毛泽西____,他的课还要多。

3. 甲:你知道刘翔吗?
   乙:知道啊,就是那个拿了奥运会____金牌____的运动员。
   甲:听说他是我们____学校____学生。
   乙:是吗?有机会得见见他。
   甲:不容易,见他____机会可不多。

4. 甲:我买了一条牛仔____裤,你看怎么样?
   乙:很棒,在哪儿买____?
   甲:南京路____牛仔衣____专卖店。
   乙:还买了什么?
   甲:还去书城买了学习汉语____录音____磁带。

十一、与同伴对话:一方先告诉对方一件已经发生的事情,另一方就感兴趣的具体方面提问。如:

(1) A:你看,这是我新买的毛衣。
    B:哦,真漂亮!是多少钱买的?
    A:……

(2) A：我去过西安。
　　B：你是什么时候去的？
　　A：……

(3) A：我昨天去医院把牙拔了。
　　B：你是在哪个医院拔的？
　　A：……

(4) A：听说他们俩离婚了。
　　B：你（是）听谁说的？
　　A：……

十二、用"是……的"句（2）回答问题。

1. A：听说你常常喝酒？
　　B：什么呀！我＿＿＿＿＿＿＿＿＿＿＿＿＿＿＿。（从来不）

2. A：我们去吃四川菜怎么样？
　　B：你能吃吗？要知道，四川菜＿＿＿＿＿＿＿＿＿＿。（很辣）

3. A：听说他马上要结婚了？
　　B：这＿＿＿＿＿＿＿＿＿＿＿，他还没有女朋友呢！（不可能）

4. A：他喜欢抽烟，我们送他香烟怎么样？
　　B：不行。在我们国家，＿＿＿＿＿＿＿＿＿＿＿＿＿＿。
　　（不可以　把……当作）

第4章

比较结构

比较结构从内容来看可以分为两大类：一类是比较事物、性状等的异同，称为平比；一类是说明事物在性质、程度或数量上的差别，称为差比。

一、平比

比较两个人或两种事物的异同的常见格式是：

> A 跟/和/同 B 一样（P）

这个格式表示的意思是：A 和 B 两个人或事物相互比较，比较后的结果是"一样"。除了用"一样"，还可以用"相同/相似/近似/类似/差不多"等词语。有时，"一样"后面还可以出现形容词或表示心理活动的动词（如"爱、喜欢、盼望、怕、恨、讨厌"等）。如：

这个字的读法和那个字一样。
这个字的声调和那个字相同。
这部电视剧的情节同那部电视剧类似。
我的想法跟你的差不多。
他的脾气跟他爸爸一样急。
这件衣服同那件一样贵。
他跟他女朋友一样爱看电影。

否定形式是"A 跟 B 不一样（P）"。如：

我买的数码相机跟你的不一样。
这个词的意思和那个词不太一样。
这条裙子和那条不一样贵。

有时候也用"A 像 B 一样"表示两者相似。如：

他像他女朋友一样爱看电影。

他的脾气像他爸爸一样急。

表示平比还有一种格式：

> A 有 B（这么/那么）P

格式中，"有"表示"达到"的意思，"这么/那么"指示所达到的某种程度，有时可以省略，但是，比较结果 P 不能省略。这一格式表示的意思是：以 B 作为比较标准，A 的情况达到了 B 这种较高的程度。例如：

今天有昨天那么热吗？

这儿有你老家那么冷吗？

你们那儿的房价竟然有北京这么贵？

我估计，几年没见，他现在也该有你这么高了。

"A 有 B（这么/那么）P"这种格式多用于疑问句。其否定形式是"A 没有 B（这么/那么）P"。例如：

姐姐反而没有妹妹高。

我家乡夏天没有上海这么热。

这次考试没有上次那么难。

典型错误

* 她有我这么高五六厘米吧。
* 以前的丽江没有现在那么热闹。

分析：

1. "A 有 B 这么/那么 P"中"P"后不能使用"一点儿、一些、得多、多了"或数量词等表示具体差别的词。

2. "A 有/没有 B 这么/那么 P"中，说话人觉得 B 相对较近时用"这么"，说话人觉得 B 相对较远时用"那么"。如：

> 今天没有昨天那么冷。
> 昨天没有今天这么冷。

所以，上面两句话应该改为：

> 她有我这么高吧。
> 以前的丽江没有现在这么热闹。

二、差比

表示差比的常见格式是：

$$\boxed{\text{A 比 B \ P}}$$

如：

> 他比我大。
> 喝茶比喝咖啡好。

如果 A 和 B 两项都是"定语（＋的）＋中心语"的形式，并且中心语相同，在不引起误解时，B 里的中心语常可以省略，有时"的"也可以省略。例如：

> 小王的孩子比小张的大。
> 北京的公园比上海多。
> 他钱比我多。

在上面的句子里，比较的对象其实分别是"小王"和"小张"、"北京"和"上海""他"和"我"，而"孩子""公园""钱"分别是比较的着眼点。因此，在口语里有时会出现"他比我多"的说法，在一定的上下文中可以理解为"他钱比我多""他书比我多""他学生比我多"等等。

在比较的结果 P 之后可加"一点儿""一些"表示差别不大，加"得多""多了"表示差别很大，也可后加数量短语表示明确的差别。

```
              ┌ "一点儿" / "一些"  ┐
   A 比 B  P  │ 具体数量           │
              └ "得多（了）" / "多了" ┘
```

如：

  猪肉比牛肉便宜一点儿。

  今天比昨天冷多了。

  他比我大三岁。

在比较的结果 P 之前可以加"还"或"更"，含有"B 也很 P，但 A 更加 P"的意思，但这时 P 的后面就不能再加"一点儿""得多"或数量词了。

```
        A 比 B   还/更 P
```

例如：

  今天比昨天还热。（昨天很热，但今天更热。）

  九寨沟的风景比杭州更美。（杭州很美，但九寨沟更美。）

"A 比 BP"中的 P 一般是形容词，也可以是动词或动词短语。但这里的动词有一定的限制，常见的有：(1) 表示愿望、爱好或思维活动等心理状态的动词；(2) "有经验、有能力、有办法、有水平"这类含有程度意义的短语；(3) 表示增加或减少、提高或降低的动词。如：

  他比我更喜欢踢足球。

  妈妈比我更了解爸爸。

  小李比小王更有能力。

  中国人现在的收入水平比改革开放之前大大提高了。

  这个学期的学生人数比上个学期减少了两百多人。

一般的动作动词做"比"字句的谓语动词，后面要带状态补语，补语后可带"一点儿""一些""多了""得多"，但不能带表示明确差别的数量短语。这种句子的结构形式有两种：

| A 比 B＋V＋得＋状态补语 | 或 | A＋V＋得＋比 B＋状态补语 |

例如：

她（唱歌）比我唱得好。　　她（唱歌）唱得比我好。
姐姐比妹妹长得高一些。　　姐姐长得比妹妹高一些。
李尚远比我说得流利一点儿。　李尚远说得比我流利一点儿。

如果是一般动词做"比"字句的谓语动词，比较的结果是关于行为的"早""晚""多""少"等，并要表达明确的数量差别，则应采用下面的格式：

| A 比 B＋早/晚/多/少/…＋V＋数量补语 |

如：

他比我们早来几分钟。　　她比我晚到一刻钟。
我比他多付了一百块。　　他比我少喝一杯（酒）。

另外，我们还可以用一些固定格式把比较对象放到句首。如：

<u>比起</u>跑步<u>来</u>，我更喜欢打球。
<u>跟</u>发达国家<u>相比</u>，中国还有很大的差距。
<u>跟</u>发达国家<u>比起来</u>，中国还有很大的差距。

典型错误

* 这里的东西比东京非常便宜。
* 我写的汉字比她写的不好看。
* 我比你来早了几分钟。

分析：

1. "比"字句的谓语动词或形容词前不能加程度副词"有点儿、比较、很、非常"等，而应在其后面加"一点儿、一些、得多、多了"等。

2. "比"字句否定时不能在谓语动词或形容词前加"不"，而应该用"A 没有 B……"或"A 不如 B……"的格式。

3. 在涉及"早"、"晚"、"多"、"少"的具体程度的比较时，应采用"A 比 B＋早/晚/多/少＋V＋数量补语"的格式。

所以，上面三句话应该改为：

这里的东西比东京便宜得多。
我写的汉字没有她写的好看。
我比你早来了几分钟。

三、"A 没有 B……""A 不比 B……"和"A 不如 B……"

"A 没有 B……""A 不比 B……"和"A 不如 B……"都是否定结构，但是用法和含义有所不同。

1. "A 没有 B……"表示 A 没有达到 B 的程度，如"他的书没有我的多"；而"A 不比 B……"则可能是 A 与 B 相近，也可能是 A 没有达到 B 的程度。在实际使用中，"A 不比 B……"常用来反驳别人的某种想法或说法，意思是"A 跟 B 其实差不多"。例如：

(1) A：今天好像比昨天凉快一点儿。

　　B：哪儿呀，昨天三十度，今天也有三十度，今天不比昨天凉快。

　　(今天不比昨天凉快＝今天跟昨天一样热)

(2) A：这件衣服小了点儿，试试那件吧。

　　B：不用试了，那件不比这件大。

（那件不比这件大＝那件跟这件一样小）

2. "A 不如 B"也表示 A 没有达到 B 的程度，但这一句式表示的意思是：说话者期望 A 能够达到 B 所具有的某种性状或程度，而事实却没有达到。所以句中的形容词表示人们喜欢的性质或状态，一般不使用"坏、丑、笨、脏、慢、懒、小气"等带有明显贬义色彩的形容词。如：

  我这次考试成绩没有上次好。

  我这次考试成绩不如上次好。

有时，也可以省略形容词。如：

  我这次考试成绩不如上次。

练 习

一、用"跟""比""没有"填空。

1. 爸爸今年 56 岁，妈妈也 56 岁，爸爸____妈妈一样大。

2. 我男朋友 27 岁，我 25 岁。我男朋友____我不一样大。他____我大，我____他小，我____他大。

3. 姐姐高 1.65 米，妹妹也高 1.65 米。姐姐____妹妹一样高，妹妹不____姐姐矮。

4. 姚明高 2.26 米，我哥哥高 1.86 米。姚明____我哥哥不一样高。我哥哥____姚明那么高，姚明____我哥哥高得多，我哥哥____姚明矮多了。

5. 我们班有 15 个学生，他们班也有 15 个学生。我们班的学生____他们班一样多。

二、根据提示互相问答。

　　例：父母的卧室二十平方米，孩子的卧室只有十平方米。
　　　　A：孩子的卧室有父母的卧室那么大吗？
　　　　B：孩子的卧室比父母的小得多。/孩子的卧室没有父母
　　　　　的那么大。

1. 这条裙子长，那条裙子短。

2. 他爷爷80岁，我爷爷81岁。

3. 游泳很有意思，滑雪也很有意思。

4. 爸爸爱听京剧，妈妈也爱听京剧。

5. 杭州的风景很美，苏州的风景也很美。

6. 张三体重150公斤，李四体重200公斤。

7. 他的手机3000块钱，我的手机800块钱。

8. 今天的气温是30度，昨天的气温是39度。

9. 她姐姐跳舞跳得很漂亮，她跳舞跳得更漂亮。

10. 我妈妈五点钟就起床了，我每天八点半才起床。

三、用括号中的词语改写句子。

1. 三得利啤酒不比青岛啤酒差。（跟……差不多）

2. 王小姐比李小姐唱得更好听。（没有）（不如）

3. 妈妈吃得没有爸爸多。(不如)(比)

4. 他跟你一样爱吃中国菜吗?(像)

5. 这次考试有上次那么难吗?(跟……一样)

6. 这本书比那本书厚。(没有)(不如)

7. 冬天,上海没有北京那么冷。(比)

8. 你家乡的冬天跟这儿差不多冷吗?(有)

四、用"跟……相比/比起来""比起……来"完成句子。

1. _____,他的日语更好一些。

2. _____,他更擅长画中国画。

3. _____,我更喜欢住在农村。

4. _____,这些缺点是微不足道的。

5. _____,学校的规模现在已经大大扩大了。

五、改错。

1. 他的手机更好比我的。

2. 今天比昨天一点儿凉快。

3. 那个学校很大比这个学校。

4. 他的自行车比我的非常新。

5. 他对朋友不如你这么小气。

6. 那种手提电脑有这种手提电脑一样重。

7. 妈妈每天早上都比我们起得早一个小时。

8. 李老师教口语课的方法比王老师不一样。

9. 在这一方面,我们国家的习惯跟中国很一样。

六、比较下面的句子,看看"像"的意思和用法有什么不同。

1. 他长得很像他母亲。

2. 我儿子要是像你们家小明那样懂事就好了。

3. 这儿的老鼠像猫一样大。

4. 对朋友,他像春天一样温暖。

5. 他们的胸怀像海一样宽广。

6. 怎么回事,他见了我像不认识我似的。

七、观察下面的句子,讨论一下其中的"还"是什么意思,能不能换成"更"。

1. 姐姐这么漂亮,没想到妹妹比姐姐还漂亮。

2. 他竟然起得比我还早!

3. 那儿的老鼠比猫还大。

4. 她比她丈夫还高一点儿呢。

5. 那间屋子还不如这间暖和呢!

八、根据下面一段话的内容,选择适当的比较结构,把可比的人或事物进行比较。

一个周末,小张在淮海路上的大商店——"巴黎春天",花 1000 块钱买了一双黑色的意大利进口皮鞋。小王在一家小商店,花 50 块钱也买了一双黑色皮鞋。他们俩买的皮鞋看起来差不多,小张心里有点儿后悔,觉得自己花了冤枉钱。但是后来,小王的皮鞋只穿了一个月就坏了,小张的皮鞋穿了半年还好像新的一样,这下轮到小王后悔了,觉得还是小张会买东西。

第5章

结果补语、状态补语和程度补语

一、结果补语

在动词或形容词后边表示结果的补充成分叫结果补语。动词和结果补语构成动结式。动结式内部结构十分紧密,"了""过"要放在结果补语的后面,否定时在动词前面加"没"。动结式后面还可以加宾语。

> 动词/形容词+结果补语

比如,下面句子里的"醉""干净""死""丢"就是结果补语,分别表示"喝(酒)""洗(衣服)""打(蚊子)""跑"的结果:

> 他喝醉了。(他喝酒→他醉了)
> 衣服都洗干净了。(洗衣服→衣服干净了)
> 他打死了一个蚊子。(他打蚊子→蚊子死了)
> 他跑丢了一只鞋子。(他跑→鞋子丢了)

动结式可以带宾语,这时,结果补语一般在语义上跟宾语相关。比较:

> 我们打败了。(我们打→我们败了)
> 我们打败了对手。(我们打→对手败了)

如果结果补语是说明主语的,而动词又需带宾语,那么一般需要重复该动词。如:

> 他写作业写累了。(我写作业→我累了)
> 我喝酒喝怕了。(我喝酒→我怕了)

有时候,结果补语并不一定是表示动作行为的结果,而只是对动作行为的评价。如:

你说对了。

你写错了。

或者是表示"不合适""不符合标准"。如：

你今天来早了。（你今天来得太早了）

你给多了。（你给得太多了）

结果补语一般由动词、形容词充当，以单音节为主。

下面是一些常见的做结果补语的动词或形容词，这些词做结果补语时往往有特殊的意义。如"见、到、完、着（zháo）、住、走、掉、好"等。

对不起，你刚才说得太轻，我没听见。

我赶到那儿的时候，票已经卖完了，我没买到。

他实在太累了，回到家一躺下就睡着了。

要记住这么多电话号码，真不容易啊！

一定要把钱包放好，小心别让人偷走。

挺好的一幅画，被他扔掉了，真可惜。

动结式否定时一般用"没"，除非是表示一种假设或意愿，比较：

我作业还没做完。

不做完作业不睡觉！

介词"在、给、到、向、自、于"等放在动词后面，也可以看成动词的结果补语[①]。这时候，动结式必须带宾语。其中动词带"向、自、于"做结果补语的格式，多用于书面语。例如：

他把花儿放在了桌子上。

[①] "放在桌子上""送给他""走到门口"这样的结构中，从意义上看，也可以把"在桌子上""给他""到门口"看成一个整体，是介词短语做补语。但是这些结构中的"在""给""到"跟动词结合紧密，甚至还可以插入"了"，如："放在了桌子上""送给了他""走到了门口"，因此，把"V在""V给""V到"看成一个整体是有道理的。

你买这束花儿送给谁呀？
他一直把客人送到车站。
我们马上就要告别校园，走向社会了。
这些学生都来自日本。
他生于1985年。

典型错误

* 医生的水平很高，他们一定能救这位病人。

* 理发完了以后，他显得年轻了许多。

* 他不听完我的解释就走了。

分析：

1. 在强调动作结果的时候，要使用结果补语。

2. 动词和结果补语结合紧密，两者之间不能插入其他成分，包括宾语。

3. "动词＋结果补语"的否定式一般是"没＋动词＋结果补语"。

所以，上面三句话应该改为：

医生的水平很高，他们一定能救活这位病人。

理完发以后，他显得年轻了许多。

他没听完我的解释就走了。

二、状态补语和"得"

用在动词或形容词之后，对于动作、行为、状态及其结果、程度等进行描写、判断、评价的成分，叫状态补语，也叫情态补语。动词或形容词和状态补语之间必须用"得"。动词或形容词后面不能再用"了、过、着"等。

> 动词/形容词＋"得"＋状态补语

如：

　　他今天来得很早。
　　他累得说不出话来。

在大多数情况下，状态补语是对一个已经提及的或已知的动作行为的描述或评价。如：

　　——你会打乒乓球吗？　　——会。
　　——打得怎么样？　　　　——还不错。
　　——看，他走过来了。　　——他走得真慢！

结合动词带宾语的情况，这样的动补句有三种格式：

> SV 得 C　　　　SVOV 得 C　　　　(S) O (S) V 得 C

如：

　　他说得很好。
　　他说汉语说得很好。
　　他汉语说得很好。
　　汉语他说得很好。

从语义上看，状态补语可能是就施事、受事、行为或其他相关方面作出说明。如：

　　他洗衣服洗得满头大汗。（他满头大汗）
　　他把衣服洗得干干净净。（衣服干干净净）
　　他洗衣服洗得很快。（洗的速度很快）
　　他洗衣服洗得满地是水。（把地上弄得到处是水）

形容词做补语时，一般带修饰成分。光杆形容词做状态补语，暗含对比的意思，比较：

>他跑得很快。
>
>他跑得快。(别人跑得慢。)

有时候,状态补语可能是一个很复杂的短语。如:

>我们都饿得肚子咕咕叫了。
>
>他糊涂得有时候连自己叫什么名字都想不起来。
>
>热得人气都喘不过来。(=把人热得气都喘不过来。)

在口语里,有时用"个"来连接动词和状态补语。这时,"个"的前面有时可以有"了"。如:

>我们把敌人打了个<u>落花流水</u>。
>
>孩子们听了他说的笑话,都笑个<u>不停</u>。

典型错误

>* 她打网球得很好。
>
>* 我睡觉得很早。
>
>* 他今天来了很早。

分析:

1. 当动词既带宾语又带状态补语的时候,得重复动词,即:动词+宾语+动词+"得"+状态补语;或者把宾语放到动词之前,即:宾语+动词+"得"+状态补语。

2. 要把陈述动作行为的发生跟评述一个已知动作行为区别开来,如果要陈述动作行为的发生,就该用"(状语+)动词+了"的结构;如果是想要评述一个已经发生的动作行为,就该用"动词/形容词+得+状态补语"的结构。

所以,上面三句话应该说成:

>她打网球打得很好。/她网球打得很好。
>
>我睡觉睡得很早。/我睡得很早。
>
>他今天很早就来了。(陈述)/她今天来得很早。(评述)

三、程度补语

用在形容词或动词后边表示程度的成分叫程度补语。有的程度补语前面要用"得",如"很、不得了、要命、慌"等;有的程度补语前面不用"得",如"极、透、死"等,后面一般带"了"。

> 形容词/动词+"得"+"很/不得了/要命/慌/……"

> 形容词/动词+"极/透/死/……"+"了"

例如:

　　他最近忙得<u>很</u>,没空见你。
　　第一次遇到这种危险,他害怕得<u>要命</u>。
　　这几天心里闷得<u>慌</u>,想出去走走,可又不知道去哪儿好。
　　一出门就遇上堵车,出租车开得慢<u>极</u>了,把我急<u>死</u>了。
　　那儿的天气糟糕<u>透</u>了,夏天热得<u>不得了</u>,冬天冷得<u>不得了</u>。

典型错误

　　* 婚礼热闹得极。
　　* 听到这个消息,他高兴透了。

分析:

1. 有的程度补语前用"得",有的不用"得"。程度补语"极"前不用"得",但是后面须带"了"。

2. 有的程度补语只用于消极的方面,如"透""远",比如"坏透了、差远了"。还有一些程度补语倾向于表达消极意义,如"死""坏""要命""不行",如"烦死了、累坏了、贵得要命、气得不行";不过也可以用在某些表示积极意义的形容词后面,如"高兴死了、高兴坏了、激动得要命,乐得不行"。

所以,上面两句话应该改成:

婚礼热闹极了。

听到这个消息,他高兴极了/高兴坏了。

练 习

一、把下面的意思写成含有结果补语的句子。

如:他救病人　　病人活了

→他救活了病人。/他把病人救活了。

1. 他喝酒　　他喝醉了

2. 他碰花瓶　　花瓶倒了

3. 我们打扫房间　　房间干净了

4. 我学唱中国歌　　我会唱中国歌了

5. 我看报纸上的消息　　我没明白

6. 你写字　　(有)三个字错了

7. (我)摔(倒)　　我的眼镜碎了

8. (天气)热　　很多人死了

二、请为下面的句子补上结果补语或动词。

1. 你已经长____了,应该靠自己的本事生活了。

2. 一次打篮球的时候，他把胳膊摔____了。

3. 他没把电视机修____，我看是越修越坏了。

4. 他们家在马路旁边，他常常在半夜里被汽车喇叭声吵____。

5. 他非常幽默，一句玩笑常常能让人笑____肚子。

6. 一阵大风，把他的帽子____走了。

7. 昨晚，在北京路南京路路口，一辆大卡车拐弯时____倒了一位老大爷。

8. 太阳____在湖面上，金光闪闪，美极了。

三、找出下面句子里的结果补语，讨论一下这些结果补语的意思。

1. 快毕业了，可是毕业论文还没写完。

2. 他们两个人竟然喝光了十瓶啤酒。

3. 吃完晚饭，他总要出去散散步。

4. 出门的时候，一定要把钱包放好，当心小偷。

5. 火终于点着了，房间里一下子暖和起来了。

6. 那种药终于买到了，他的病有希望治好了。

7. 因为下雨，运动会没开成，推迟到下个星期了。

8. 他发音不太标准，把"今年"说成了"青年"。

9. 于是，他就把家搬到了海边，天天看潮起潮落。

10. 从此以后，他就住在了海边，再也没离开过。

11. 本来这一节后面还有一段话，被他删掉了。

12. 本来我还有一个手提电脑，被他借走了。

13. 汽车开在他前面一米的地方，终于停住了。

14. 历史上几个主要朝代的名字，我都记住了。

四、用"在、给、到、自、于、向"填空。

1. 中华人民共和国成立____1949年。

2. 本文选____《鲁迅全集》，略有改写。

3. 我进去的时候，他正躺____床上看报呢。

4. 那狗"汪汪汪"叫了几声，便扑____小偷。

5. 哥儿俩好久没见了，有说不完的话，一直聊____下半夜。

6. 这位艺术家来____北欧，他的作品带有鲜明的北欧风格。

7. 没想到，窗台上的花盆掉下去，正砸____一位行人的头上。

8. 原来，那电话是打____张红的，可是那天张红不在家，是张红弟弟接的电话。

五、把下面的句子改写成含有程度补语的句子,尽量采用不同的词语。

如:他们家的客厅非常宽敞。
　　→他们家的客厅宽敞极了。

1. 这个菜非常辣。

2. 见到女儿,她十分高兴。

3. 他很想你,你去看看他吧。

4. 你这几天工作很辛苦,先休息休息吧。

5. 喜欢吃臭豆腐的人说它非常香,不喜欢吃的人说它非常臭。

六、比较下面的句子,说出画线部分分别充当什么补语?表达什么意思?

1. A. 得了全校羽毛球比赛冠军,可把他高兴<u>坏</u>了。
　　B. 他把我的照相机弄<u>坏</u>了,我得要他赔。

2. A. 那年闹饥荒,没粮食吃,村里饿<u>死</u>了好几个人。
　　B. 先给我来一碗面条,要快点儿,我饿<u>死</u>了。

3. A. 突然下起了大雨,他浑身上下都湿<u>透</u>了。
　　B. 那儿的情况糟<u>透</u>了,必须马上采取措施。

七、用状态补语完成句子。

1. 她听到喜讯,高兴得＿＿＿＿＿＿＿＿＿＿＿＿＿＿。

2. 你来得＿＿＿＿＿＿＿＿,我们一点儿也没有准备。

3. 你已经说得＿＿＿＿＿＿＿＿,我还有什么可说的?

4. 眼看起飞的时间快要到了，她急得_____。

5. 你下次别来得_____，今天我们等了你半个小时。

6. 你这篇文章写得_____，我只改动了两三个地方。

7. 围绕着如何开展社会实践的问题，大家讨论得_____。

8. 你看看，你把东西放得_____，来了客人连个坐的地方都没有。

八、把句子里的结果补语改成状态补语。

如：他把房间打扫干净了。
→他把房间打扫得干干净净。
　他把房间打扫得非常干净。
　他把房间打扫得干净极了。
　他把房间打扫得……

1. 你说对了，确实如此。

2. 你说什么？我刚才没听清楚。

3. 从海边回来，他们的脸都晒红了。

4. 对不起，你来晚了，报名已经结束了。

5. 面对死去的父亲，他哭干了眼泪。

6. 慌忙之中，他跑丢了一只鞋子。

九、选择正确的答案填空。

1. 请把下面的句子翻译____英语。
　　A. 到　　　B. 成　　　C. 好　　　D. 于

2. 请把这份快件送____东方路21号，交____一位姓张的先生。
   A. 在，到   B. 给，到   C. 到，给   D. 在，给

3. 我过____了这种生活，倒也不觉得苦。
   A. 好   B. 长   C. 到   D. 惯

4. 我到达的时候，正好是霉雨季节，雨下____不停，让人扫兴。
   A. 得   B. 个   C. 得个   D. 个得

5. 他____好，____也相当不错。
   A. 唱歌得，跳舞得   B. 歌唱得，舞跳得
   C. 唱，跳   D. 歌，舞

6. 从他那儿，我____了很多知识。
   A. 学到   B. 学会   C. 学懂   D. 学好

十、改错。

1. 昨天晚上，我睡觉得很香。

2. 路上小心，不要开车得太快。

3. 你放心，我要做这个工作更好。

4. 去年春节，我在桂林过了很愉快。

5. 今天早点儿睡吧，明天要起得很早。

6. 他着急地说得非常快，我们全没听明白。

7. 看电影完了以后，我们又去喝了一杯咖啡。

8. 他以前住在过香港，所以对香港比较熟悉。

9. 他走到小河边的时候，突然听有人喊"救命"。

十一、辨别正误。

1. A. 他没吃完饭就跑出去了。
   B. 他不吃完饭就跑出去了。

2. A. 从这部电影中我们看到了普通中国人的纯朴的感情。
   B. 从这部电影中我们看见了普通中国人的纯朴的感情。

3. A. 他做累了作业，趴在桌子上睡着了。
   B. 他做作业做累了，趴在桌子上睡着了。

4. A. 你还记得他的地址吗？
   B. 你还记住他的地址吗？

5. A. 他是小偷，快抓到他！
   B. 他是小偷，快抓住他！

6. A. 我们在一起住。
   B. 我们一起住在。

7. A. 房间里空调打开了，可是没人。
   B. 房间里空调打开着，可是没人。

8. A. 他每天很饱地吃了。
   B. 他每天吃得很饱。

十二、描写你的一个朋友的生活习惯，尽量用上结果补语、状态补语和程度补语。

第6章

趋向动词和趋向补语

一、趋向动词

趋向动词表示动作的方向，是汉语动词中比较特别的一类。它可以单独做谓语，也可以用在其他动词或形容词后做补语，构成动趋式。趋向动词分为简单趋向动词和复合趋向动词。简单趋向动词，就是指下表中第一行和第一列的单音节词；复合趋向动词，就是指下表中由简单趋向动词复合而成的双音节词。

	上	下	进	出	过	回	起
来	上来	下来	进来	出来	过来	回来	起来
去	上去	下去	进去	出去	过去	回去	

简单趋向动词可分为两组：

第一组是"来、去"。以说话人为着眼点，表示向说话人位置移动的，用"来"；离开说话人位置的，用"去"。如：

你什么时候再来上海？（说话人在上海）
你什么时候再去上海？（说话人不在上海）

第二组是"上、下、进、出、过、回、起"。以说话时涉及到的事物为着眼点，表示人或物移动的状态。如：

快点儿进教室吧，考试马上要开始了。（着眼点在"教室"，由外到内）

出了门，往左拐，路的右边就是中国银行。（着眼点在"门"，由内到外）

爬上了山顶，你会看到整个城市的风景。（着眼点在"山顶"，由下到上）

复合趋向动词表达了人或物移动的状态，同时也指明了说话人的位置。如：

他们都上车了，我们快<u>下去</u>吧。（说话人在"上面"，"由上到下"移动）

里面在干什么？咱们<u>进去</u>看看。（说话人在"外面"，"从外到内"移动）

二、趋向补语

趋向动词可以用在动词或形容词后面，做趋向补语。动词或形容词带趋向补语的格式，简称动趋式。趋向补语包括简单趋向补语和复合趋向补语。如：

一辆汽车从对面急速地开<u>来</u>。
他怀着激动的心情爬<u>上</u>万里长城。
快送点儿吃的<u>来</u>，我们简直饿坏了。
朋友们刚坐好，妈妈就端<u>过来</u>两盘水果。
老李刚坐<u>下</u>，就看见一群人有说有笑地走<u>上</u>楼<u>去</u>。
你抬<u>起</u>头<u>来</u>，看着我，不许说谎，那人到底是谁？

要注意的是，当句子中既出现宾语，又出现趋向补语时，宾语所处的位置要受到一些限制。主要有下面几种情况：

1. 处所宾语只能位于"上""下""进""出""回""过""起"的后面，"来""去"的前面。比较：

他竟然一个人回家了。
他竟然一个人回家去了。
他竟然一个人跑回家了。
他竟然一个人跑回家去了。

2. 事物宾语的位置有三种可能：（1）在复合趋向补语的中间；（2）在动趋式的后面；（3）在动词的后面，趋向补语的前面。如：

他从包里拿出一本书来。

他从家里送来一本书。/他从包里拿出一本书。/他从包里拿出来一本书。

他从家里送了一本书来。/他从包里拿了一本书出来。

这时候宾语是不确指的。上述三种情况中,事物宾语放在复合趋向补语中间是最常见的。如果宾语是确指的,一般要把宾语移到句首作为话题,或采用"把"字句。如:

我要的书他送来了。

他把那本书从包里拿出来了。

3. 一些表示身体部位动作的动词(如"抬、举、弯、低、直、伸"等),其宾语一般在复合趋向补语的中间。如:

他抬起头来,看了我一眼。

老人直起腰来,擦了一把汗。

上面三种情况可以用下表概括:

宾语位置	复合趋向补语之后	复合趋向补语中间	复合趋向补语之前
事物宾语	拿出来一本书	拿出一本书来	拿一本书出来
处所宾语	—	走出教室去	—
表身体部位动作	—	抬起头来	—

典型错误

* 我明天买回来几斤苹果。

* 他填写完,就交上去那张表格。

分析:

1. "动词+趋向动词+事物宾语"与"动词+事物宾语+趋向动词"在表义时有细微差别。前者一般表示已经完成的动作,

后面可省略"了",后者表示未完成的动作,除非加"了"。比较:

> 我昨天带回来(了)一些水果。
> 我昨天带回(了)一些水果来。
> 我昨天带了一些水果回来。
> 我明天带一些水果回来。

2. 趋向补语后面是事物宾语时,宾语是不确指的。如果宾语是确指的,就应该提到句子中相对前面的位置。

所以上面两句应该改成:

> 我明天买几斤苹果回来。
> 他把表格填写完,就交上去了。/那张表格他填写完就交上去了。

三、趋向补语的引申用法

除了表示动作的方向和位移的意义以外,趋向补语还有各种引申意义。不同的趋向补语在意义引申的程度和方向上并不相同,但一般都具有结果义。下面是几组比较重要的趋向动词的引申用法。

1. 上
(1) 表示合拢。如:

> 你把门锁上!
> 请同学们把书合上!

(2) 表示添加、附着。如:

> 在这儿写上年月日。
> 池塘里已经养上鱼了。

(3) 表示达到某个目的或标准。如:

我们都考上了北京大学。

他评上了校级优秀留学生。

(4) 表示动作开始并继续，主要强调开始。如：

大家都劝你休息一下，你怎么又看上书了？

最近他们工厂来了一批新订单，这不，又忙上了。

2. 上来

(1) 表示趋近目标。如：

他们终于赶上来了。

一下子围上来一群人，都是兜售劣质纪念品的。

(2) 表示成功做到，主要用于"答"、"说"等动词后。如：

这个问题我答不上来。

那些术语我说不上来。

3. 起

(1) 表示事物随动作出现，并有持续的意思。如：

会场里响起了一片掌声。

欢快的人群在海边点起了一堆堆篝火。

(2) 表示动作开始。一般与"从……""由……"配合。如：

这事儿从哪儿谈起呢？

故事就从我离开上海后讲起吧。

(3) 表示动作跟某事物有关系。动词限于"说、谈、讲、问、提、回忆"等。如：

他来信问起你这段时间习惯上海生活了没有。

回忆起童年时代的情景，他的心平静了许多。

4. 起来

(1) 表示动作开始并继续。如：

一句话把屋子里的人都逗得笑了起来。

上了火车，我和坐在旁边的人聊起天来。

（2）放在形容词后面，表示一种状态开始发展，程度继续加深。而形容词多是积极意义的。如：

他的身体正一天天好起来。

我这个人，随便吃点儿东西都能胖起来。

（3）表示连接、聚拢。如：

我们应该把精力集中起来，好好地工作。

请大家把桌上的书收拾起来，考试马上开始了。

（4）表示"在……方面"。如：

说起来容易做起来难。

这苹果看起来不怎么样，吃起来味道倒不错。

5. 下

（1）表示脱离。如：

他摘下帽子，放下包，坐了下来。

卸下货，卡车立即开走了。

（2）表示固定。如：

汽车开到我面前，突然停下了。

他给我留下了深刻的印象。

严格的训练为她打下了坚实的基础。

（3）表示容纳。如：

这个包竟然能装下那么多东西。

房间里能坐下二十个人吗？

6. 下来/下去

（1）"下来"表示脱离（某物离开了某处）。如：

这是刚从树上摘下来的几个苹果，你尝尝鲜吧。
他们把以前的宣传广告从墙上扯下来。

(2)"下来"表示固定的意思。如：

经过讨论，已经定下一个方案来了。
老师说的话，我都记下来了。

(3) 有时仅仅表示完成。如：

这么长的课文，总算念下来了。
用这种新型的设备，算下来，每年可以节省好多原料呢。

(4) "下来""下去"用在动词后都可以表示动作继续。"下来"表示动作从过去持续到现在，而"下去"表示动作从现在持续到将来。如：

这是古代流传下来的一个故事。
我相信，这个故事还将继续流传下去。
尽管困难很大，我们终于还是坚持下来了。
尽管困难很大，但是我们决心坚持下去。

(5) "下来""下去"用在形容词后，表示某种状态开始出现并继续。形容词多表示消极意义。如：

他日夜操劳，一天一天地瘦下来了。
刚才通红的晚霞现在慢慢地暗下去了。

7. 出来

表示从无到有、从不明显到明显、从不明白到明白。如：

我想出来一个好办法。
经过这么多年，她终于从痛苦中解脱出来了。
我看出来了，照片上的人就是小时候的你吧。

8. 过来/过去

(1) "过来"表示状态由不正常到恢复正常，"过去"表示由正常状态到不正常状态。如：

> 病人突然昏过去了。
> 经过抢救，昏迷的病人终于醒过来了。
> 我刚从美国回来，时差还没倒过来呢，老想着睡觉。

(2) "过来""过去"都可以表示渡过难关。如：

> 最难的日子都熬过来了，这点小挫折算什么？
> 再坚持一下，熬过去这段日子，后面就好办了。
> 今天跟老外谈生意，英语好久没说了，但还好总算应付过来了。

(3) "过来"表示有能力完成，常用于可能补语的否定式或疑问式。如：

> 这么多试卷，你两个小时改得过来吗？
> 工作太多了，我就是多长一双手也忙不过来。

典型错误

> ＊ 我想出来了，我把钥匙放在提包里了。
> ＊ 他说他明年还要在这个学校学下来。

分析：

1. "想＋起来"和"想＋出来"都是趋向补语的引申用法。"想＋起来"表示原来有的信息通过回忆而再次出现；"想＋出来"是产生新的信息，宾语一般是"办法""主意""意见"等。

2. 趋向补语"下来"表示"从过去持续到现在"；"下去"表示"从现在持续到将来"。

所以上面两句应该改成：

> 我想起来了，我把钥匙放在提包里了。
> 他说他明年还要在这个学校学下去。

练 习

一、填上合适的趋向动词。

1. 外边太冷，咱们____屋谈吧。

2. 我们看谁第一个爬____长城。

3. 请大家快____船，我们马上就开船了。

4. 妈妈跑____，把孩子一把抱了____。

5. 教室里走____一个满头白发的老教师。

6. 这些东西用完以后，应该放____原处。

7. 他给远在大洋彼岸的朋友寄____一封信。

8. 她举____手，怯生生地问了老师一个问题。

9. 穿____马路，往前走不到十分钟，就是博雅书店了。

10. 他一个不小心掉____了河里，好不容易才爬____岸。

11. 我们经常看见他在附近走____走____，可谁也不清楚他在干什么。

12. 她走____饭店，刚刚坐____，一位服务员就走____，问她要点什么菜。

二、运用趋向补语的引申义，填上合适的趋向动词。

1. 那个人的名字我终于想____了。

2. 这篇文章太长了，我背不____。

3. 夏天快到了，天气慢慢热____了。

4. 老师的问题太难了，我答不____。

5. 汽车在他面前慢慢儿地停了____。

6. 他心里有很多话，可就是说不____。

7. 他把老师在课堂上讲的内容都记____了。

8. 这苹果看____红红的，可吃____有点儿酸。

9. 他昨天晚上喝多了，直到今天下午才醒____。

10. 如果你这样坚持____，总有一天会犯大错误的。

11. 听说现在还不是最热的时候。要是再热____，我真受不了了。

12. 实行新政策才三年，农民们就富裕____了，很多人住____了新房子。

三、指出下面趋向补语在不同句子中所表示的意思。

1. 上
(1) 到大学三年级的时候，他终于评上了优秀。
(2) 你不是不喝酒了吗？怎么又喝上了？
(3) 快关上门，外面太冷了。

(4) 加上在我们学校报名的外校学生，参加这次 HSK 考试有 800 多人呢。

2. 过来
(1) 最艰苦的日子都熬过来了，还怕什么呢？
(2) 昨天你爸爸打电话过来了，让你给他回个电话。
(3) 工作那么多，人又那么少，怎么忙得过来？
(4) 你终于醒过来了，可把我们给吓坏了。

3. 下来
(1) 三十年下来，他眼也花了，背也驼了。
(2) 刚才老师说的那个例子，你记下来了没有？
(3) 这种书你也能看下来，我真服了你了。
(4) 游黄山呀，你建议你先爬上去，然后再坐索道下来。
(5) 他撕下来一张纸，很快就叠成了一个漂亮的纸船。

4. 过
(1) 和你一起走过的日子，是我最幸福的时光。
(2) 穿过一片小树，我们来到小河边。
(3) 明天早上去飞机场，你可千万别睡过头。
(4) 他接过老人的包，一句话没说就走了。

5. 起来
(1) 大家热烈地讨论起旅游地点的问题来。
(2) 房间太乱了，快把这些东西都收拾起来。
(3) 他们公司的产品，用起来就是方便。
(4) 看起来，这次的三好学生非他莫属啦。

四、把宾语放在适当的位置上。

1. 陈老师从书架上拿下来（一本书）。

2. 他们从战场上抬了回来（一个伤员）。

3. 你看大家都爬上去了（山），我们要抓紧时间了。

4. 那个孩子趁老师不注意，一溜烟跑进去了（教室）。

5. 话音刚落，走进来（一个穿着一身红衣服的女孩子）。

6. 外面下起来（雨）了。看样子还要下一阵子，你今天就住在这儿吧。

五、改错。

1. 我明天买回来五斤苹果。

2. 她的话，给我们带一线希望来了。

3. 前两天还生气呢，这两天又好起了。

4. 他伸出来一只手，拉了一下我的衣角。

5. 参观完以后，我们打算直接回去宾馆。

6. 就那一瞬间，我的眼泪差点就流出去了。

7. 下周我先回日本，九月回来上海继续学习汉语。

8. 他看见我们走进，急忙从病床上坐上来，我赶快过来扶住他。

六、辨别正误。

1. A. 跟朋友聊了会儿天，我就走进了宿舍去。
   B. 跟朋友聊了会儿天，我就走进宿舍去了。

2. A. 你买回来那本词典了吗?
   B. 那本词典你买回来了吗?

3. A. 明天我会带过去两瓶酒。
   B. 明天我会带两瓶酒过去。

4. A. 他从图书馆借了一本杂志回来。
   B. 他从图书馆借回来一本杂志了。

5. A. 他走上了楼去。
   B. 他走上楼去了

七、看图写故事。

第**7**章

能愿动词和可能补语

一、能愿动词

能愿动词是一种辅助性动词,用在动词、形容词前表示可能、意愿和必要。如:

你<u>会</u>说德语吗?
春天来了,天气<u>应该</u>暖和起来了。
他在上海住过一段时间,<u>可以</u>说一点儿汉语。
我很长时间没有见他了,希望这次<u>能</u>跟他见上一面。

能愿动词主要有下面三组:
表示可能:能、能够、会、可能、可以
表示意愿:愿意、愿、敢、要、想
表示必要:要、应、该、应该、应当、得
能愿动词在用法上有这样一些特点:
1. 能愿动词前面可以有副词修饰。如:

我<u>很</u>想去,可就是没时间啊。
你这样粗心,<u>迟早</u>会出事的。
下雪天开车,<u>更</u>得小心。

2. 能愿动词多数可以单独做谓语或谓语中心语。如:

你愿意来我们公司工作吗?——<u>愿意</u>!
小姐,我想抽支烟,可以吗?——完全<u>可以</u>。

3. 一些能愿动词可以连用。如:

我想他应该会说上海话,没想到他不会。
下个星期我可能要出一趟差。

4. 能愿动词还可以构成"不×不"和"×不×"等格式,前者表示双重否定,后者表示疑问。如:

这么重要的事情，你不应该不告诉我。
这事都传开了，他不可能不知道吧？
我不能不警告你，这种状况不能再持续下去了！
这么简单的事情，你能不能让我一个人去做？
对不起，我可不可以跟您打听一下……

下面通过几组比较辨析，来说明能愿动词之间的细微差别。

1. "会""能""可以"：表示能力。

强调具有某种技能，用"会"；表示"条件允许"或"恢复某种技能"，用"能"，在肯定句中，有时也用"可以"。如：

他会/能/可以说一点儿汉语。
你还不会游泳？那赶紧学呀！
我没买到票，明天不能去了。
他会开车，可是今天身体不舒服，不能开。
手术以后恢复得不错，再过两天应该能/可以下床走路了。

表达具有某种能力时，用"能"，不用"会"。如：

我一个小时就能写出这篇文章，你能吗？
别看我岁数有点儿大，但是我一口气能走十多里路呢！

"会"还有"在某方面技巧高明"的意思，"能"还有"在某方面能力特别强"的意思。如：

他真/很会说话，几句话就让人转怒为喜了。
他真/很能说，不用讲稿连续说了三个小时。

2. "要""想"：表示意愿。

"要"表示计划、安排、意志，口气比较肯定；"想"表示希望、打算，口气比较委婉。如：

下午我想去超市买点儿东西，你想不想跟我一起去？
老师，我想听你的语法课，可以吗？
我明天要出差，不能陪你去医院了。

你们明年就要毕业了吧？

我要学好汉语。（≠我想学好汉语）

"想"前面可以加"很""有点儿"等，"要"前面可以加"肯定""一定"等。如：

我不想让他去，可他吵着一定要去。

我很想去，可他就是不同意。

3. "可以""能""得（dé）"：表示"允许"。如：

对不起，这儿能/可以抽烟吗？

这儿不能/可以抽烟。

"得（dé）"一般只用否定形式"不得"。如：

考场内不得/可以/能使用手机。

"能""可以"还常常用于请求、建议，"得（dé）"不行。如：

你能不能把盐递给我？

没买到明天的票不要紧，我们可以推迟一天出发嘛。

关于这个问题，你可以去向王教授请教，他是这方面的专家。

4. "会""可能"：表示可能性。如：

马丁今天感冒了，我估计他不会来上课了。

我觉得这个秘密他可能已经知道了。

在"会"前可以加"大概""可能""也许""肯定"等，表示不同程度的可能性。如：

因为下雨，运动会可能会推迟一天。

我看明天肯定会下雨。

"可能"前可以加"很"，"可能"还可以放在主语前，"会"不行。如：

他很可能已经不在上海了。
（很）可能他们还记得这件事。

5. "应该""要""得（děi）"：表示情理或事实上的需要或可能，其中"得"带有口语色彩，只用肯定形式。

在下面的句子里，都表示情理或事实上的需要：

他们应该好好儿改进服务态度。
你不应该用这种口气跟他说话。
我们一定要保护环境。
不要骄傲，骄傲使人退步。
十点了，我得走了。

"应该""要""得"也可以指一种可能性，表示说话人根据情理对情况作出的估计、判断。如：

你这样下去，迟早要出问题的！
她应该来了吧。
看来，今年的经济形势要比去年好一点儿。
这么大的鱼，得有十来斤吧？

否定的时候，要用"不会""不可能"。如：

你放心，不会出问题的！
她不会来了。
今年的经济形势恐怕不会比去年好。
这鱼不可能有十来斤，顶多也就五六斤。

典型错误

* 这儿可能车祸了。
* 你应该应该来上海学习汉语。
* 他想了去外地旅行。
* 老师，对不起，我病了，今天不会来上课。（学生发短信给老师）

分析：

1. 能愿动词也叫"助动词"，用在动词或形容词前表示对动作或状态的评价，它不能直接跟宾语。有些词兼属一般动词和能愿动词，如"要、想、会"。我们可以说"他会说汉语"，也可以说"他会汉语"。在后面一句里，"会"不是能愿动词。

2. 能愿动词不能重叠，也不能带助词"着""了""过"。

3. "会"和"能"都可以表示能力，但是"会"强调的是经过学习而具有某技能，"能"强调的是条件允许而具有的能力。在上面这句话里，应该指的是条件而不是技能。

4. "会"也可以表示可能性，如"他病了，今天不会来上课了"。但是在这里，学生显然应该强调"没有办法，所以不能来上课"，而不是要告诉老师自己的猜测或估计。

所以，上面四句话应该改为：

  这儿可能发生车祸了。
  你应该来上海学习汉语。
  他想去外地旅行。
  老师，对不起，我病了，今天不能来上课。

二、可能补语

可能补语表示可能或不可能，表示动作的结果或趋向是否可能实现。最常见的形式是在动结式或动趋式的中间插入"得/不"。有实现可能性的，用"得"；没有实现可能性的，用"不"。格式为：

> 动词/形容词＋"得"/"不"＋可能补语（结果/趋向）

如：

  老师说的话，你听得懂听不懂？
  老师说的话，我都听得懂。

生字太多了，记不住。

我没钥匙，进不去。

包太小，放不下这么多的东西。

可能补语否定形式的使用频率比肯定式高得多。

有时，在动词/形容词和可能补语之间会用上"大"或"太"。如：

这篇文章我看不大懂。

具体时间我说不太准，你再问问办公室吧。

可能补语还有另外两种特殊形式：

1. 用"了（liǎo）"表示可能性。

> 动词/形容词＋"得"/"不"＋"了（liǎo）"

这一格式表示对行为实现的可能性、性状的变化和性状的程度的估计。如：

今天下雨，去不了中山公园了。

我看，他的病好不了了。

这里的酒吧看上去便宜不了。

表示对性状程度的估计时，一般只用否定式；肯定式常用于问句，且多为反问句，表示不相信会达到这种程度。如：

那家店里卖的都是名牌，还能便宜得了？

"动词/形容词＋得/不＋了（liǎo）"这一格式跟上面的"动词/形容词＋得/不＋可能补语（结果/趋向）"不同的是，后者着眼于具体的结果或者趋向，前者着眼于行为或状态本身。比较：

车子没油了，开不了了。

车子被挡在门外，开不进去。

东西太多，我一个人拿不了。

东西太重，我一个人拿不动。

东西太大，我一时拿不进去。

不过，"了（liǎo）"本来就是"完成"的意思，所以，有时候，在"动词/形容词＋得/不＋了"里，"了"表示的还是一个具体的结果，相当于"完"或"掉"。如：

你一个人吃得了这么多饭吗？（"吃得了"＝"吃得完"）
我永远忘不了那个感人的情景。（"忘不了"＝"忘不掉"）

2. 用"得（dé）"表示可能性

> 动词/形容词＋"得"/"不得"

"动词/形容词＋得/不得"表示"能够/不能够""可以/不可以"，多用否定形式。有时跟"动词/形容词＋得/不＋了"是差不多的意思。如：

他一下子被人踢倒在地，动弹不得。（"动弹不得"＝"动弹不了"）

大多数情况下，"动词/形容词＋得/不得"用来警告或提醒听话人不能做某件事或要避免某种情况。如：

这种野菜有毒，吃不得。
下雨时开车，大意不得。

有一些在结构形式上与这种补语相同的词组，由于它们总在一起用，已经形成一种固定结构，相当于一个词了。如：

怪不得、恨不得、顾不得、巴不得、舍得/舍不得、使得/使不得

典型错误

* 我们看跑道不清。
* 他激动得说不出来话。
* 你这么聪明，一定把开车学得会。
* 昨天我去买火车票，可是买不到了。

分析：

1. 可能补语与宾语共现时，宾语应该放在可能补语后边，如："看不清跑道"。如果可能补语由复合趋向补语构成，宾语一般放在复合趋向补语的中间，如"说不出话来""转不过弯来"。

2. 可能补语一般不能用在"把"字句、"被"字句和连动句中。

3. 可能补语表示条件是否允许，是一种可能性，而不是陈述一个已经发生的事实，如"今天火车站人太多，我们也许买不到票"。如果是陈述一个已经发生的事实，应该用结果补语，如"火车站人太多，我们没有买到票"。

所以上面四句应该改为：

我们看不清跑道。

他激动得说不出话来。

你这么聪明，一定学得会开车。

昨天我去买火车票，可是没买到。

三、"能"和可能补语用法比较

汉语可以采用两种方式表示"可能"或"能够"的意思。一是用能愿动词"能"；二是用可能补语。如：

这些作业我们<u>能</u>做完。

这些作业我们<u>做得完</u>。

表示肯定意义时，用"能"或用可能补语都可以；表示否定意义时，一般不用"能"，而用可能补语的否定式。如：

A：我这样说话，大家能听懂/听得懂吗？
B1：能听懂/听得懂。
B2：听不懂。

再如：

A：这本书三天能看完/看得完吗？
B1：能看完/看得完。
B2：看不完。

如果用"不能"表示否定，往往是"不允许""不同意"的意思。比较：

我们学校有规定，出租汽车不能开进校园。
门太小了，这辆大卡车肯定开不进去。
今天晚上加班，谁也不能睡觉！听明白了吗？
房间靠着马路，车来车往的，太吵了，我实在睡不着！

练 习

一、用合适的能愿动词填空。

1. 你太胖了，_____多锻炼身体。

2. 我每年都_____去中学看望我的老师。

3. 他不_____到离家比较远的地方工作。

4. 没想到他这么好的身体，也_____生病。

5. 你不遵守交通规则，_____出交通事故的。

6. 如果王老师能再教我们，那_____多好啊！

7. 已经是冬天了，按往年，不_____这么暖和啊！

8. 从我家到单位很方便，_____坐公共汽车，也_____坐地铁。

二、选择正确的答案。

1. 你不是孩子了，做什么事都____考虑后果。
   A. 要　　　　　　B. 想　　　　　　C. 可能

2. 我很____去万里长城，那是世界奇迹。
   A. 要　　　　　　B. 想　　　　　　C. 该

3. 手术以后，她的眼睛又____看见了。
   A. 会　　　　　　B. 能　　　　　　C. 应该

4. 他这个人很____吃，一顿饭吃五个大馒头不成问题。
   A. 想　　　　　　B. 会　　　　　　C. 能

5. 他这个人很____吃，吃得不多，但要求很高。
   A. 能　　　　　　B. 想　　　　　　C. 会

6. 我不____闲着，我喜欢工作，没有工作的时候，我就去旅游。
   A. 肯　　　　　　B. 愿意　　　　　　C. 应

7. 小李工作认真，又____吃苦，所以领导很信任他。
   A. 肯　　　　　　B. 会　　　　　　C. 可以

8. 你要是回家太晚，你爸爸又____说你了。
   A. 应　　　　　　B. 应该　　　　　　C. 该

9. 你是警察，眼看出了这么大的事，难道不____出来管管吗？
   A. 应该　　　　　B. 应　　　　　C. 得

10. 我学过汉语，这篇文章我____看懂。
    A. 会　　　　　B. 能　　　　　C. 可能

11. 他不在不要紧，我____等他。
    A. 得　　　　　B. 可以　　　　　C. 要

12. 这事换了你，你____答应他吗？
    A. 会　　　　　B. 可能　　　　　C. 应该

三、选择合适的位置。

1. 明天马克 A 去学校 B 上课吗？（可以）

2. 我想他 A 把真实的情况 B 告诉你。（应该）

3. 真要是没有人，我想王明 A 可能 B 帮助我们的。（会）

4. 你们班的学生 A 都 B 来就更好了。（能）

5. 明天上完课，我 A 去南京路给爸爸 B 买些礼物。（想）

6. A 他才 B 是我们要找的合适的演员。（可能）

四、用括号里的动词，加上适当的可能补语，完成下列句子。

1. 你的行李太重了，我们两个人_____。（搬）

2. 这间房子太小了，我们三个人怎么_____。（住）

3. 他的车昨天拿去修了，_____了。（骑）

4. 现在是高峰时间，车子_____。（快）

5. 这段路太危险了，车子_____。（快）

6. 前两天你借给我的那本小说一点儿意思都没有，我实在_____了。（读）

7. 要不是老王仔细，还真_____这份报告的问题。（发现）

8. 他的汉语说得很地道，谁都_____他是个外国人。（听）

五、选择恰当的形式完成句子。

1. 老师说得太快，我_____。
   A. 不能听懂　　　　　　B. 听不懂

2. 这么危险的游戏，玩_____啊！
   A. 玩不了　　　　　　　B. 玩不得

3. 箱子锁上了，我没有钥匙，_____。
   A. 不能打开　　　　　　B. 打不开

4. 现在是春运高峰时期，火车票特别紧张，恐怕_____票了。
   A. 不能买到　　　　　　B. 买不到

5. 外面太吵，我_____。
   A. 不能睡觉　　　　　　B. 睡不着

6. 对不起，根据上级规定，你没有通行证，_____。
   A. 不能进去　　　　　　B. 进不去

7. 这些材料是保密的，看完后请留下，_____。
   A. 不能带走　　　　　　B. 带不走

8. 整部机器体积太大，_____，结果只带走了一些核心部件。
   A. 不能带走　　　　　　　B. 带不走

六、比较状态补语与可能补语的用法和意义。

1. A. 我的汉字写得不太好。
   B. 开始的时候，我写不好汉字，现在我写汉字写得很好了。

2. A. 他跑得不快，后面的人很快就赶上了他。
   B. 他的腿有伤，跑不快。

3. A. 黑板上的字你看得清楚看不清楚？
   B. 黑板上的字你看得清楚不清楚？

七、改错。

1. 老师的话你听得懂不懂？

2. 我已经20岁了，会喝酒了。

3. 妈妈告诉我，天太晚了不出去玩儿。

4. 学习了三个月，我能够了说汉语。

5. 我愿望在中国的对外经济部门工作。

6. 教室还没有开门，我们进不去学习。

7. 黑板上的字太小了，我不太看清楚。

8. 昨天他还在美国，今天没可能来这里。

9. 他认认真真地做得完他妈妈给他的家务。

10. 时间太短了，你的工作报告写了得完吗？

11. 学院的复印机坏了，把写作材料印不了了。

12. 今年寒假我要在中国过春节，我不要回国。

13. 你的电话老是占线，打了几次后才打得通。

14. 有些问题看起来容易，事实上，谁也不会解决。

15. 如果不是真正互相了解对方，结婚后应该发生矛盾。

16. 那天晚上天很黑，还下着雨，路上一个人也不看见。

17. 王老师刚才突然打电话给我，说他去不了苏州旅行了。

18. 这个电影开始的十几分钟我不能看得懂，但是越往后越好看。

19. 我们学校的李老师的课最好，讲得又慢又清楚，我很容易就听得懂。

20. 田中，我身体不太好，并且今天下午天气不好，恐怕游泳不了了。

八、说一段话，用可能补语或能愿动词描写一下你刚来中国时的情况。

第8章

时量和动量

一、时量

时量就是表示时间的量，如"三天、两个小时、一会儿"。常用"多长时间""多久"提问。常见的时量单位有：

X 年　X 个月　X（个）星期　X 天

X（个）小时/X 个钟头　X 刻钟　X 分钟　X 秒钟

X 个上午/下午/晚上/学期　X 夜

时量成分在句子里的用法主要有以下几种：

1. 时量常常放在动词或一些形容词后面，表示动作或状态持续时间的长短。如：

我走了<u>三个小时</u>才到他家。

公司的会开了<u>整整半天</u>。

我姐姐在中国住过<u>两个多月</u>。

他忙了<u>一天</u>。

如果动词带宾语，有三种表达方式：

> A. 动词＋时量＋（的）＋名词[①]

> B. 动词＋代词＋时量

> C. 动词＋宾语＋动词＋时量

如：

[①] 在这种情况下，时量词语只能看成定语，而不是补语。从层次切分来说，"看了一个小时的书"当然是"看了/一个小时的书"，而不是"看了一个小时的/书"。

A. 我学了三年汉语了。
   他看了一个小时的书了。
   昨天晚上我们打了整整两个半小时的电话。

B. 请等我一会儿。
   我们等了你半天了。

C. 我学汉语学了快三年了。
   他看书看了一个小时了。
   昨天晚上我们打电话打了整整两个半小时。

2. 表示动作从开始或完成到说话时有多长时间。如：

   我来上海三个月了。
   他来了半个小时了。
   他们俩结婚才一年。

3. 表示两个动作之间间隔的时间。如：

   我起床一小时后开始学习。
   医生让我吃完饭后半小时再吃药。

4. 表示与某个标准比较相差的时间。如：

   他比我早来这儿几个月。
   我们乘坐的火车晚点五分钟。

典型错误

* 他每天上课三个半小时。
* 他一整天看电视了。
* 我们等了好久你。
* 我们只住过一天这个宾馆。

分析：

当动词带宾语的时候，时量不能放在动宾短语的后面，要么插在动词和宾语的中间，要么重复动词；但代词作宾语是例外，时量放在代词的后面。

另外，如果宾语是确指的人或事物，通常把它放到句首。

上面的四个句子应该改为：

> 他每天上三个半小时的课。
> 他看了一整天电视了。
> 我们等了你好久。
> 这个宾馆我们只住过一天。

二、动量

表示动作或变化次数的量词叫动量词。下面句子里的动量词都是专用动量词。如：

> 他打了我一下。
> 刚才下了一阵大雨。
> 我昨天打了一场球。
> 这个地方我已经来过两次了。
> 他又把那封信从头到尾看了一遍。

常用的动量词有：

> 次、遍、下、回、趟、场、番、顿、阵

动作行为的工具和人体部位，可以临时借用为动量词。如：

> 砍了一刀　打了一枪　踢了一脚　看了一眼　咬了一口

动量一般用在动词（及一些形容词）后面，做动量补语，表示动作、行为进行的数量。如：

> 黄灯闪了几下，然后红灯亮了。

有时，一个动词可以搭配不同的动量词，意义和色彩有所不同。如：

昨天下过一场雨。
昨天下过一阵雨。
他听了一下录音。
他听了一遍录音。
他考虑了一下，就同意了。
他仔细考虑了一番，最终还是同意了。

带动量补语的谓语动词同时也可以带宾语。这时主要有两种格式。

> A. 动词＋动量＋名词

> B. 动词＋代词＋动量

如：

为了这事，公司开过两次会。
他仔细研究了一番历史，才得出这个结论的。
我可以用一下您的电话吗？
我只见过他一次，印象不深。
她咬了我一口。

另外，如果量词是"拳、脚、刀"等，宾语即使是名词，也得放在动量之前。如：

他踢了狗一脚，狗乖乖地跑开了。
他一怒之下，就打了孩子一巴掌。

如果宾语是人名、地名，或者确定的人或事物，两种格式都可以用。如：

来这儿以后，我去看过两次老李。/来这儿以后，我去看过老李两次。
下个月，他要去一趟香港。/下个月，他要去香港一趟。

这时，宾语究竟是放在动量前还是动量后，往往取决于上下文。比较：

> 这时，刚巧老李走了进来。他看了老李一眼，继续讲他的"光荣史"。
>
> 春节快到了，明天我们打算去看望一次老李，后天再去看望老张。

典型错误

* 他打了电话给女朋友一天三次。
* 我找过好几次你。
* 他踢了一脚小狗。

分析：

谓语动词同时带动量补语和宾语时，如果宾语是一般事物名词，应放在动量词语后面，如果宾语是人称代词，应该放在动量词语的前面。

另外，如果动量词是借用量词，如"刀""脚""拳"等，宾语应放在动量词语前面，这是特殊情况。

所以，上面三个句子应该改为：

> 他一天给女朋友打了三次电话。
>
> 我找过你好几次。
>
> 他踢了小狗一脚。

练 习

一、选择恰当的时量表达方式。

1. 我打算在这儿学习_____。（A. 一年　B. 一个年）

2. 他已经在这儿工作了_____了。(A. 三月   B. 三个月)

3. 这次采访前后持续了_____。(A. 三个小时   B. 三点钟)

4. 明天的考试一共需要_____。(A. 半天   B. 半个天)

5. 每个星期我要去工作_____：星期一下午和星期三上午。
   (A. 两天半   B. 两个半天)

二、用合适的专用动量词填空。

1. 麻烦你开一（　　）空调。

2. 上个月他去了一（　　）北京。

3. 刚才下了一（　　）雨，现在停了。

4. 他考试没考好，他爸说了他一（　　）。

5. 马克，请你读一（　　）第三课的课文。

6. 昨天下午，我们班和三班打了一（　　）球。

7. 我不了解这家公司，你给我介绍一（　　）吧。

8. 明天我要跟我的几个老朋友一起吃（　　）饭。

9. 我可能感冒了，身上冷一（　　），热一（　　）的。

10. 别那么客气，一（　　）生，二（　　）熟，以后常来玩儿。

11. 这部小说他看过好几（　　），可没有一（　　）是看完的。

12. 明天要考试了,他又把课文录音从头到尾、仔仔细细地听了一(　　)。

三、用合适的借用动量词填空。

1. 弟弟咬了一大(　　)苹果。

2. 那个人踢了小狗一(　　),然后跑了。

3. 那块木头很硬,他砍了一(　　),没砍断。

4. 恐怖分子朝他打了一(　　),把他打死了。

5. 她又看了我一(　　),还是没想起来我是谁。

6. 他们俩你打我一(　　),我踢你一(　　),互不相让。

四、选择正确的答案。

1. 我去过一_____上海博物馆。
　　A. 阵　　　　　B. 遍　　　　　C. 回

2. 她试了一_____那条裙子,很合适。
　　A. 顿　　　　　B. 趟　　　　　C. 下

3. 你来中国_____了?
　　A. 多少　　　　B. 多久　　　　C. 多大

4. 下午你不在的时候,_____。
　　A. 你同学来找过一回你
　　B. 你同学来找你过一回
　　C. 你同学来找过你一回

5. 做完作业以后，_____。
   A. 我上了网两半个小时
   B. 我上了两个小时半网
   C. 我上了两个半小时网

6. 我打算在西藏待_____。
   A. 两个月前后
   B. 两个月左右
   C. 两个月大概

五、把下面的词按照正确的顺序组成句子。

1. 他　去　欧洲　三次　过

2. 我们　每周　上　课　五天

3. 他　咬　一口　对方　猛然　了

4. 他　来　这儿　很多次　过

5. 他　去　新疆　很多次　过

6. 他　已经　死　多年　了　了

7. 我们　等　你　半天　了　了

8. 我们　已经　开学　两个星期　了

9. 昨天　我　睡　觉　三个小时　只　了

10. 那个地区　下　雨　三次　上个月　只　了

11. 他　跟心理医生　谈　话　整整三个小时　的　了

12. 他　每天早上　起来以后　跑　步　半个小时　先

13. 我们　等　公共汽车　等　半天　了　了

14. 他　看　小张　了　一眼　严厉地

六、为括号里的词语选择恰当的位置。

1. 记住，A 饭后 B 服 C 药 D！（半小时）

2. A 这个暑假 B 我 C 休息了 D 一个星期。（只）

3. 他 A 敲了 B 门 C，里边没人答应 D。（几下）

4. A 经历几次挫折，B 怎么 C 可能 D 成长呢？（不）

5. 我记得，以前我去 A 他家 B 吃 C 几次饭 D。（过）

6. A 时间过得真快，我们俩 B 没见 C 了 D。（五年）

七、判断下列句子的正误，如果句子有错误，请改正。

1. 我学过汉语三年。

2. 我们打电话打了两个半小时。

3. 我们等了好久你。

4. 我来三年了中国。

5. 他看了我一眼。

6. 下个月，他要去一趟香港。

7. 他回国了一年了。

八、观察下面的句子，讨论一下"次"和"遍"有什么不同。

1. 我没听清楚，请再说一遍。

2. 放学以后每个汉字抄写三遍。

3. 那个地方太美了，我想再去一次。

4. 这部小说我看过多次，没有一次看完的。

九、观察下面的句子，讨论一下"下"的用法。

1. 请等一下。

2. 他一下把我问住了。

3. 他在我头上打了三下。

4. 这点事儿三下两下就做完了。

5. 想不到，他还真有两下子。

十、想一想，"他走了一个小时了"这个句子有几个意思？

十一、说说你昨天一天的活动，尽量使用各种时间词、表时量和动量的词语。

第9章

体与体标记

"体"反映句子所表示的某一事件在变化过程中所处的阶段和状态。

一般认为,现代汉语中的体主要有完成体、变化体、持续体、进行体和经历体等。动词后面带的助词"了""着""过"等,动词前面的副词"正/在/正在"都是现代汉语的体标记。

一、完成体及助词"了$_1$"

完成体表示某个动作行为已经完成,其标记是动词后的助词"了$_1$"。如:

> 他昨天晚上看了一场电影。
> 你看,来了一辆汽车!
> 明天晚上吃了晚饭以后去看电影。

"完成"与行为发生的时间没有必然关系。第一句"看电影"的行为发生在过去,是过去的完成;第二句是现在的完成;第三句"吃了"是将来的完成。

动词后面加结果补语或趋向补语,已经含有完成的意思,后面常用"了$_1$",有时可省略。如:

> 他从我的抽屉里拿走了一张一元的纸币。
> 那些野猪从山上下来吃掉了他家的玉米。
> 我看见他走进了一家商店。

如果要叙述一件完整的事情,一般来说需要前后相连的一组句子。在一组句子中,语义上最重要的句子倾向于使用"了$_1$",而这个最重要的句子常常是表示事件终结的句子。如:

> 小明为大家烧火做饭,脸上都是灰,用手一擦,<u>成了</u>个大花脸。

我乘上地铁，穿过隧道，出来就到了浦东。

从前有一个美丽的女子，她的名字叫嫦娥。她丈夫有一种不死药。有一天，丈夫不在家，她偷吃了不死药，忽然身体飞出窗外，一下子飞到了月亮上面。

有些动词不表示动作行为，也不涉及是否"完成"的问题，因此后面不能直接带"了₁"，如：朝、好像、继续、觉得、是、喜欢、像、需要、以为、应该、爱好、比如、等于、加以、叫作、敬爱、具有、来自、热爱、善于、适合、属于、围绕、显得、针对、值得。

完成体的否定式是在动词前加"没（有）"，动词后不再需要加"了₁"。如：

他没有买面包。（比较：他买了面包。）

他上个月没去北京。（比较：他上个月去了北京。）

典型错误

* 我很早以前就盼望了来中国留学。

* 我昨天去了超市买一些食品。

* 我在上大学的时候常常参加了篮球比赛。

* 你没写清楚了地址，当然寄不到。

分析：

1. 当动词后面带的宾语是一个动词短语或小句形式时，该动词后不能加"了₁"。如：

他已经决定去中国留学。（*他已经决定了去中国留学。）

我刚才看见她走出去了。（*我刚才看见了她走出去。）

2. 连动句和兼语句的第一个动词后一般不带"了₁"。如：

上个月我们去北京访问了两个大公司。（*上个月我们去了北京访问两个大公司。）

公司派他去了上海。(＊公司派了他去上海。)

3. 当动词前出现"每天""常常""一直""总是"等表示习惯或持续的时间副词时,动词后不能出现"了$_1$"。

4. 完成体的否定式,不再需要"了$_1$"。因此,上述句子应改为:

我很早以前就盼望来中国留学。
我昨天去超市买了一些食品。
我在上大学的时候常常参加篮球比赛。
你没写清楚地址,当然寄不到。

二、变化体及助词"了$_2$"

说话人把某一事件作为新情况、新信息告诉对方,强调事态的变化,这时采用"变化体",句末用助词"了$_2$"。如:

刮风了,下雨了。(刚才没有刮风下雨)
奶奶生病了,我回去看看她。(先前奶奶没生病)
葡萄成熟了,可以摘了。(先前葡萄没成熟,不能摘)
你已经30岁了,该成个家了。(以前还不到30岁)
今天星期五了。(昨天星期四)

这种新的事态不一定发生在现在,也可以发生在过去或将来。如:

上个月学校里出大事了。
放心回家去吧,吃了药,睡一觉,明天就可以上班了。

这种新出现的情况既可以从肯定的角度来看,如上文前五句,也可以从否定角度来看。如:

不下雨了。(刚才下雨)
他不当市长了。(以前是市长)
我不想去看电影了。(本来想去看,现在想法变了)

水不热了。(刚才是热的)

我没有钱了。(本来有钱)

当动词后面出现宾语时,完成体和变化体可以同时出现在一个句子中。如:

他已经吃了两个苹果了,他说还想吃一个。

在这个例子中,动词后"了$_1$"表示"吃"这一动作行为已经完成,"了$_2$"指明"吃了两个苹果"这一事件的发生,告诉我们他目前的情况。

有时一个"了"包含"了$_1$"和"了$_2$"双重意义。如:

春天来了。

他把那个坏手机扔了。

上面两例的"了"既在动词之后,又在句尾,因此既表示完成,又表示变化。

典型错误

* 我以前不会说汉语了,现在会说。
* 我们明天快考试了。

分析:

1. "了"不是表示过去时态,而是表示完成、实现或变化的。当说话人想告诉对方情况发生变化时,句末要加"了$_2$"。

2. "快/快要/要/就要……了"表示将要发生的事态。在"快/快要……了"前不能出现具体的时间,在"要/就要……了"前可出现具体时间。

所以,上述句子应改为:

我以前不会说汉语,现在会说了。

我们明天要考试了。/我们快要考试了。

三、持续体及助词"着"

持续体表示某行为或某状态处在持续状态中,"着"是持续体的标记,通常加在动词的后面。

持续体可以表示行为本身的持续,如"读着""做着";也可以是瞬间性的动作反复出现,形成一个持续性的过程,如"踢着(球)""翻着(书)";还可以是行为结束后的状态的持续,如"放着""贴着"等。动词前还可能出现时间副词"一直""总是""常常"等。

如:

(1) 她拆开信读了起来,读着读着,泪水涌出了眼眶。
(2) 他总是做着发财梦。
(3) 学生们在足球场上踢着足球。
(4) 他不停地翻着词典。
(5) 书架上整齐地放着一排一排的书。
(6) 那张画一直在墙上贴着。

例(1)(2)表示动作行为本身的持续;(3)(4)表示动作行为多次反复而形成的持续;(5)(6)表示动作行为结束后状态的持续。

持续体有时在句子中用来表示其他行为的伴随状态。例如:

那只小狗摇着尾巴走了。

他喜欢听着音乐跑步。

有些动词是用来表明一个过程的终点的,因此后面不能带"着"。这样的动词如:变成、构成、形成、赞成、发出、展出、指出、出发、出现、发生、发现、到、迟到、感到、遇到、遭到、到达、得、懂得、觉得、获得、记得、取得、认得、晓得、显得、值得、超过、度过、参加、掉、懂、结束、开始、成为、当作、失败、失去、脱离、来自、批准、忘记、违反、引起。

持续体在篇章中主要是用来描写行为或状态持续存在的情况，而且主要从正面加以描写，所以很少用否定形式，只有在分辨、反驳、回答问话时，才会用否定形式。如：

(1) A：怎么这么冷？窗户开着吗？
    B：窗户没开着，早就关上了。
(2) A：你一整天都在房间里呆着吗？
    B：我没在房间里呆着，刚回来。
(3) A：门锁着，咱们就别进去了。
    B：门没锁着，你看，一推就开了。

典型错误

* 她拉自己的儿子上楼去了。
* 我在火车上坐着两三个小时。

分析：

当句子中前面的行为表示后面行为的方式或伴随状态时，前面动词要带"着"。

表示行为或状态具体持续多长时间时，用"了"而不用"着"。如"他一直在那儿住着，住了一辈子"。

上面两个句子应改为：

她拉着自己的儿子上楼去了。
我在火车上坐了两三个小时。

四、进行体及副词"在／正／正在"

进行体表示某活动、行为在进行中，通常是在动词前加副词"正/在/正在"。"正""在"和"正在"三个词的意义也有所不同：

"在"可以用于"当时当刻"，也可以用于一个需要较长时间才能完成的行为过程。如"我在学汉语"可以是指说话的时候他在学汉语，也可以指最近几天、几个月甚至几年他一直都在学汉语。所以，"在"的前面可以出现"一直""总是""每天"等副词。如：

> 最近三年来我一直都在学汉语。
> 他最近每天都在考虑这个问题。
> 走廊里总是有人在走动。

"正"有"恰好"的意思，表示在一个较小的时间范围里，一个较具体的动作行为正在进行。如：

> 他在寄信，正贴着邮票呢。
> 他在买东西，正付钱呢。

用"正"的小句往往用于描述与某一行为相伴随的情形，并且"正"常常跟"着"一起出现。如：

> 我们正说着话，老师进来了。
> 老师进来的时候，我们正说着话。

"在"用于叙述一种行为的进行，而"正"用于指示一种特定的正在持续的行为或状态。如：

> 我在想一个问题。
> 我正想去看你呢。

"正在"的作用相当于"正"和"在"。如：

> 我们正在忙着抢险，电视台的记者突然来了。

表示正在进行的句子，句末常常有"呢"。"呢"有提醒和确认的语气。如：

> 你（在）干什么呢？
> 我（在）看电视呢。

典型错误

* 他一边正/在/正在喝咖啡,一边正/在/正在看电视。
* 她整个下午一直都正/正在看电视。

分析:

1. 一个人同时在做两件事情,这时突出的是持续的状态,而不是活动的进行,因此应使用"着"。

2. "正""正在"一般不与"一直""总是"以及表示一段时间的词语如"整个下午""全天"等一起使用。

所以,上面的句子应改为:

他一边喝着咖啡,一边看着电视。

她整个下午都在看电视。

五、经历体及助词"过"

经历体表示事件的主体有过某种经历,"过"是经历体的标记,加在动词或形容词的后面。动词或形容词的前面常常出现时间副词"曾""曾经"等。如:

前一阵子我们这儿来过一个小伙子,没干几天就走了。

今年五月我曾访问过澳大利亚。

我也曾经年轻过,年轻的时候,我身体特别好。

经历体的否定形式是在动词前加"没有",动词后面仍然加"过"。如:

我们没有怀疑过你。

他上课从来没有迟到过。

她还没去过北京。

在交际中,说话人往往用带"过"的句子提出某种经历、经验，用以说明、支持想要表达的某个结论或观点。如：

这个字我不认识，我没学过。

我去过杭州，真是个好地方，你要有机会一定要去看看。

典型错误

* 你去不去过北京？
* 我去过国外旅行一次，当时我是小孩儿。
* 毕业以后，我跟他只见面过一次。

分析：

1. 经历体用"没（有）"来进行否定，经历体的选择问句用"V没V过"或"有没有V过"的格式。

2. 在"来/去＋V"结构中，"过"只能加在V后面。

3. "过"要放在离合词的中间，即紧跟在动词之后。

所以，上面三个句子应改为：

你去没去过北京？

我去国外旅行过一次，当时我是小孩儿。

毕业以后，我跟他只见过一次面。

练 习

一、在下面横线上填上合适的体标记。

1. 他出去叫_____一辆汽车来。

2. 她静静地坐在窗前听_____音乐。

3. 看_____她的回信，他连晚饭也不想吃。

4. 你看，他们_____打羽毛球，打得多好啊。

5. 一轮红日_____从地平线上升起。

6. 我一直_____等待机会，机会终于来_____。

7. 明天下_____班，我就过来。

8. 他们两口子几十年来没有红_____脸，吵_____架。

9. 他的脸已经很红_____，不能再喝_____。

10. 他点_____头说："不错，不错。"

二、用适当的体标记造句。

1. 开始　跑步

2. 去韩国　旅游　以前

3. 工艺品　为朋友　买

4. 昨天　收到　一封　来信

5. 这些年　没　回　家乡

6. 连续　下　雨　一个星期

7. 一年来　没有　生病

8. 看一本小说

9. 教室里的灯　亮

10. 跟他说话

三、改错。

1. 我每年都去国外旅行了一次。

2. 我明天一下课了就去找你。

3. 昨天晚上我们讨论一下儿了这个问题。

4. 我听说了他毕业了以后就到了上海去了。

5. 以前,黄河经常发生了水灾。

6. 他过来坐了在我的旁边。

7. 从上海来的火车正到着站。

8. 房间里的电话响着很长时间,他居然没醒。

9. 我以前没吃了烤鸭。

10. 来中国以后,我从来没生病过。

四、分析下面句子里"了"的用法。

1. 下面句子里"了"的位置有何不同,为什么?

(1) 昨天我陪客人去吃了烤鸭。

(2) 刚才我去银行取了一些钱。

(3) 昨天晚上我们看了电影就回家了。

(4) 听了他的话,我很生气。

2. 下面的句子里,用一个"了"和用两个"了"有什么不同?

　　(1) 昨天晚上我喝了三瓶啤酒。
　　　　我已经喝了三瓶了,不能再喝了。

　　(2) 我曾经在北京一家公司工作了三年。
　　　　我已经在这家公司工作了三年了。

3. 下面画线的句子是什么意思?

　　(1) <u>开车了(啦)</u>,大家快上车!

　　(2) <u>吃饭了(喽)</u>,大家快来吃饭!

4. 比较下面句子里"了"的位置有何不同。

　　(1) 我昨天去看电影了。
　　　　我昨天去看了一部美国电影。

　　(2) 我昨天去超市了。
　　　　我买了很多东西。

　　(3) 你们昨天晚上跳舞了没有?
　　　　我们昨天唱了歌,跳了舞,玩儿得很高兴。

5. 下面这段话自然吗?正确的说法是什么?为什么?

　　上个星期我们去杭州了,我们游览西湖了,我们昨天晚上回来了。

6. 下面的句子里为什么既有"没",又有"了"?

　　他三年没回家了。

五、比较下面句子里"过"的意义有何不同。

　　(1) 你什么时候过生日?

　　(2) 穿过马路就是我们的学校。

(3) 我已经吃过早饭了。

(4) 检查过以后才知道问题出在哪儿。

(5) 我曾经吃过蛇肉。

六、分析下面的句子。

1. 下面句子的"在"是什么词性？

(1) 他在教室里。

(2) 他在看书。

(3) 他在教室里看书。

2. 下面句子里的"在"和"着"表达的意义有何不同？

(1) 他在穿衣服。
他穿着一件红衣服。

(2) 他在关门。
门关着。

(3) 他在看书。
他看着看着就睡着了。

七、请在横线上填上适当的体标记。

1. 三个和尚

从前有座山，山里有座庙，庙里住_____一个小和尚。山里没有水，吃水要到山下的小河里去挑。但小和尚很勤快，水缸里的水总是满满的。

有一天，庙里又来_____一个瘦和尚。小和尚觉得他比自己大比自己晚进庙，应该让他去挑水，于是对瘦和尚说："你到山下挑水去吧。"瘦和尚觉得自己比小和尚大，却要受他指使，心里不服气，很不高兴地说："我比你大，你怎么能让我自己一个人挑水呢？还是咱俩一起抬吧！"就这样，两个和尚一起抬水吃。

又过_____些日子，庙里又来_____一个胖和尚。这回三个人可怎么抬水呀。胖和尚想，反正有那两个和尚抬水，也用不着自己。而瘦和尚、小和尚觉得这样不公平，也不愿意去。三个和尚你推我，我推你，最后大家都不去。水缸里没有水_____，三个和尚宁可渴_____，也没有人愿意去打水。

这下可把庙里的老鼠渴坏_____，晚上就跑到大殿里，偷喝油灯里的油。老鼠不小心把油灯碰倒_____，引起_____大火。三个和尚被惊醒_____，急急忙忙去水缸里舀水来灭火，可缸里一滴水也没有。他们只好拿起桶，到山下挑水。可是，远水救不了近火，最后，虽然火被扑灭_____，但庙已经被大火烧光啦。

2. 三个笨人

从前有一个县官，他以为自己很聪明，就派两个下人去外边找三个笨人回来。

第一天，两个下人走_____走_____，忽然看见一个人骑在马上，手里却拿_____一袋很重的东西。他们问他："你为什么不把袋子放在马上呢？"那个人说："我骑在马上，马已经很累_____，再放一袋东西，不是更重_____吗？"他们一听，哈哈，第一个笨人找到_____。

第二天，他们经过城门时，看见一个人扛_____竹子进城。城门又矮又窄，可他的竹子很长。他竖_____拿，拿不进去；横_____拿，也拿不进去。他非常着急，就把竹子折断_____拿进去。不用说，第二个笨人也找到_____。

第三天，两个下人带_____这两个笨人去见县官。他们把这两个笨人干的事儿说_____，县官就说："你真是笨得很！你干嘛不把竹子从墙上扔过去呢？"这两个下人听_____，偷偷地笑_____起来，说："我们还找到_____第三个笨人。"县官睁大眼睛朝周围看_____看，奇怪地问："这儿只有两个笨人，第三个在哪儿？"

第10章

离合结构和重叠结构

一、离合结构

像"见面、散步、睡觉"这样的结构,搭配比较固定,意义往往是单一的,就好像是一个词,其中的第二个语素几乎不表示什么意义。可是从语法角度来看,其实是一个动宾短语[①],因为这些结构在用法上遵循动宾结构的运用规则,并且,中间都可以插入其他成分。如:

　　散步→散了一会儿步
　　见面→见过一次面
　　睡觉→睡了一觉

有时候还可以改变顺序。如:

　　我们一次面也没有见过。
　　这一觉睡得真痛快。

这样的结构叫作离合结构,也叫离合词(可分可合)。这样的离合结构在使用的时候一定要注意,不能把它们看成一个动词,而要把它们看成"动词+宾语"。如:

　　我们班尹恩珠<u>跳舞跳</u>得棒极了。
　　昨天晚上<u>睡觉睡得别提有多香了</u>。
　　我祖父和总统一起<u>散过步</u>。
　　上个星期我跟同屋<u>吵了两次架</u>。
　　周末跟朋友们<u>见见面</u>,<u>聊聊天</u>,<u>唱唱歌</u>,<u>跳跳舞</u>,过得很愉快。

常见的动宾式离合结构如:

[①] 有的学者把"离合词"看成一种特殊的词,有的学者看成特殊的短语。从教学的角度着眼,强调其在句法上有短语的特点,更有实际意义。离合词不一定是动宾关系,也包括动补关系(如"推翻""打倒"),但主要是动宾关系。

帮忙	打架	见面	生气	报名	打针	理发
送礼	唱歌	带头	结婚	叹气	吵架	担心
鞠躬	跳舞	吃饭	道歉	离婚	听话	吃惊
发愁	聊天	握手	吃亏	发火	起床	洗澡
抽烟	罚款	请客	下班	出事	付款	撒谎
游泳	吹牛	拐弯	散步	照相	辞职	加班
上班	着急					

如果离合结构涉及动作对象，有下面几种格式：

1. 一般用介词引出，把动作对象放到动词前面。如：

   我今天下午要和辅导老师见面。
   他昨天晚上跟女朋友约会了。
   他站起来向大家鞠躬表示感谢。

2. 有时可以把涉及的对象放在定语的位置上。如：

   他常常帮我的忙。
   你就别扫他的兴了。
   你这是在生谁的气啊？

3. 有时可以把涉及的对象作为间接宾语。如：

   我很想见他一面。
   他帮过我很多忙。

典型错误

* 他起床得很早。
* 他洗澡完以后就睡觉了。
* 请大家为他鼓掌鼓掌。
* 我们好像在哪儿见面过。
* 你帮忙我，今天我一定要请客你啊。

分析：

1. 因为离合结构本质上是动宾短语，所以，跟其他动宾短语一样，结构助词、补语等应该紧紧跟在动词后面，而不是整个离合结构后面。重叠的时候，应该只重复动词部分，而不是整个离合结构。

2. 因为离合结构本身是动宾短语，内部本来就含有宾语，所以一般不能再带宾语。

所以，上面四句话应该改为：

他起床起得很早。/他起得很早。
他洗完澡以后就睡觉了。
请大家为他鼓鼓掌。
我们好像在哪儿见过面。
你帮了我的忙，今天我一定要请你的客。

二、重叠结构

（一）动词的重叠

一般来说，表示持续性动作的动词都可以重叠使用，单音节动词重叠的形式是 AA，双音节动词重叠的形式是 ABAB。如：

说说　　　　看看
学习学习　　休息休息

重叠形式一般表示动作持续的时间短、进行的次数少，或者含有轻松、随便的意味。具体来说，有下面三种情况。

1. 用于未进行的动作行为，多用在祈使句中，主要的作用是缓和语气。单音节动词重叠时中间可以插入"一"。如：

我来试（一）试。
叫他再等（一）等，我们马上就到。

你就帮（一）帮他吧，他都快急死了。
你再考虑考虑，明天给我答复。

2. 用于已完成的动作行为，多出现在叙述句中，表示动作的短暂、轻微。重叠形式中间可插入"了"。单音节动词重叠时中间同样可以插入"一"。如：

他刚才到我们房间看了看，简单问了问我们的生活情况就走了。
那本小说我稍微翻了一翻，没仔细看。
他分析了分析，觉得上海的房价还会涨。

3. 用于经常性的、反复主动进行的动作行为，含有"平常、轻松"的口气。如：

去世界各地走走，看看，挺有意思的。
他退休以后，每天下下棋，遛遛鸟儿，打打太极拳，过得倒也轻松自在。

典型错误

* 我正在等等我的朋友。
* 我在四川北路逛逛的时候，被自行车撞了。
* 我问问清楚了再告诉你。
* 这部电影我早就看看过。

分析：

1. 正在进行的动作，或同时进行的几个动作，不能用动词的重叠形式。
2. 动词做定语时不能重叠，动词带补语时也不能重叠。
3. 动词重叠形式的后面不能再带"了""着""过"。
所以，上面四句话应该改为：

我正在等我的朋友。
我逛四川北路的时候，被自行车撞了。
我问清楚了再告诉你。
这部电影我早就看过。

（二）形容词的重叠

汉语里一部分形容词可以重叠，增强描述的生动性。一般来说，单音节形容词重叠的形式是 AA，双音节形容词重叠的形式是 AABB。如：

高高　　　白白　　　甜甜　　　瘦瘦
干干净净　清清楚楚　亲亲热热

只有大约 1/6 的形容词可以这样重叠。能够这样重叠的形容词一般是口语风格的，如"漂亮"可以重叠为"漂漂亮亮"，"美丽"不行，"整齐"可以重叠为"整整齐齐"，"整洁"不行。形容词重叠后不是简单地表示程度的增加，主要在于体现描述功能，单音节形容词重叠后做定语或谓语时，往往还带有喜爱的感情色彩，表示相关的量是"适度"的，或者不太过分的。如：

臭豆腐闻上去臭臭的，可是吃上去很香。
她圆圆的脸，大大的眼睛，白白的皮肤，很漂亮。

比较：

环卫工人罢工了一个多月，小区里到处是垃圾，臭极了。
她的脸特别苍白，显然是营养不良的表现。

在口语里，有些单音节形容词重叠后，其第二音节一律改为第一声并儿化，如"好好（hǎohāor）休息、慢慢儿（mànmānr）地走过来"。有些双音节形容词重叠后，除了其第二音节照例念轻声外，第三音节改为第一声，第四音节也改为第一声并儿化。如：打扮得漂漂亮亮儿（piàopiaoliāngliāngr）的。

另有一类形容词，其重叠形式是 ABAB。如：

　　雪白雪白　笔直笔直

这类形容词大多是由"名词语素＋形容词语素"构成的，并且两个语素之间的意义有一定的联系，例如："雪白"是像雪那样白，"冰凉"是像冰那样凉。常见的有：

　　雪白、煞白、金黄、焦黄、火红、通红、鲜红、血红、碧绿、翠绿、墨绿、漆黑、湛蓝、瓦蓝、滚圆、滚热、乌亮、冰凉、笔直

这样的形容词本来已经含有程度意味（我们不能说"很冰凉""很雪白"），重叠后也是起到描述功能。

还有一类形容词的重叠形式是"ABB"，"BB"是一些常见的形容词词尾。如：

　　胖乎乎、热乎乎、湿乎乎、潮乎乎、傻乎乎、黑乎乎、气呼呼、美滋滋、乐滋滋、喜滋滋、喜洋洋、暖洋洋、红彤彤、绿油油、亮晶晶、火辣辣、怒冲冲、软绵绵、冷冰冰、香喷喷、乱哄哄、臭烘烘、慢腾腾、轻飘飘

还有一种部分重叠的形式是："A 里 AB"，有贬义色彩。如：

　　傻里傻气　　糊里糊涂　　啰里啰嗦　　流里流气

形容词的重叠形式可以做定语、谓语、状语、补语，后边一般要加"的"或"地"。如：

　　电影院里冷冷清清的，没有几个人。（做谓语）
　　她每天都打扮得漂漂亮亮的。（做补语）
　　今天冷极了，人们都穿着厚厚的羽绒服。（做定语）
　　我真想赶快找到一个旅馆，饱饱地吃上一顿饭，美美地睡上一觉。（做状语）

典型错误

* 我喜欢吃不甜甜的月饼。

* 他的房间很干干净净的。

* 今天玩得高高兴兴极了。

分析：

形容词的重叠形式前不能加否定词，前后也不能受表示程度的词语修饰。

所以，上面三句话应该改为：

我喜欢吃不甜的月饼。

他的房间干干净净的。/他的房间很干净。

今天玩得高兴极了。

（三）量词及数量短语的重叠

1. 量词的重叠

能重叠的量词一般都是单音节的，表示"全部、没有例外"。如：

条条大路通罗马。

同学们个个都说得很流利。

这些人他个个都认识。

老师回回都骑自行车来上课。

和男朋友约会的时候，她次次都迟到。

学校食堂顿顿都是那么几个菜，我都吃腻了。

2. 数量短语的重叠

数量短语重叠时，数词一般限于"一"，重叠形式有"一AA"和"一A一A"两种方式。数量短语重叠用来描写事物很多的样子或动作行为频繁重复的情况。如：

桌子上放着一盘盘水果。

> 这一盘盘水果都是他们送来的。
>
> 从飞机上往下看，我可以清楚地看到地面上那一圈一圈的光带。
>
> 地面上那一圈一圈的光带是高速公路的路灯吗？
>
> 他一次次地对我说："对不起！对不起！"我都听得不耐烦了。
>
> 我一遍（又）一遍地给他讲解，可他就是不明白。

"一A一A"比"一AA"具有更强的描写性。

数量短语重叠也可以表示"逐一、按顺序进行"的意思，这时，数词可不限于"一"。如：

> 请大家一笔一笔地跟我写，注意笔顺。
>
> 请大家两个两个地进来，不要拥挤。
>
> 天气一天天地热起来了。

典型错误

* 她的两个孩子个个都很聪明。

* 姐姐买的件件衣服都又漂亮又便宜。

* 客厅里坐着一个一个的客人。

分析：

1. 量词重叠表示"没有例外"时，事物应该是两个以上（不含两个）的。而且，重叠式的前面和后面一般不能有别的定语，不能说"她的件件衣服"，也不能说"件件她的衣服"。

2. 数量短语重叠做定语表示"繁多"时，还有描写事物存在方式的意味，如"房间里堆着一箱一箱的水果"。如果只是说明数量多，不能使用。

所以，上面三句话应该改为：

> 她的两个孩子都很聪明。
>
> 姐姐买的衣服件件都又漂亮又便宜。
>
> 客厅里坐着许多客人。

第 10 章　离合结构和重叠结构

一、找出下列句子中的离合词，并改正错误。

　　1. 他游泳得很快。

　　2. 我去他家做客过。

　　3. 你理发完还去干什么呀？

　　4. 这个星期他跟人打架了三次。

　　5. 明天我请客你，你有时间吗？

　　6. 他终于结婚了相恋多年的女友。

　　7. 我每天晚上都要去校园里散步散步

　　8. 你吹牛什么呀，我还不知道你的本事？

　　9. 你一定要帮忙我，要不然我就彻底没希望了。

　　10. 真奇怪，既然不同意，那你点头什么？我还以为你同
　　　　意呢。

二、用恰当的形容词重叠形式填空。

　　1. 他的脸冻得_____（通红）的。

　　2. _____（漆黑）的夜里，伸手不见五指。

3. 今天晚上，咱们_____（痛快）地喝一次！

4. 你们都走了，大楼里就显得_____（冷清）的。

5. 这孩子，_____（圆）的脸，_____（大）的眼睛，_____（白）的皮肤，可爱极了！

三、下面哪些句子可采用动词的重叠形式？哪些句子里的动词重叠时可用上"一""了"等？

1. 他很想_____（见）你。

2. 他打算下午去_____（见）一位朋友。

3. 又是_____（做）饭，又是_____（洗）衣服，累死我了！

4. 不就是_____（做）饭、_____（洗）衣服吗？有什么累的？

5. 这是我亲手做的菜，请你_____（尝）。

6. 他只是象征性地_____（尝），就再也不动筷子了。

7. 房间里乱成这样，你也该_____（收拾）了！

8. 我刚才_____（查）词典，发现这个词有两种读音。

四、用括号中所给的量词，构成恰当的量词或量词短语重叠形式填空。

1. 这些邮票_____（张）都是精品。

2. 他_____（年）都被评为劳动模范。

3. 这_____（堆）的是什么东西？

4. 这_____（封）来信体现了读者对于我们这本杂志的关爱。

5. 他_____（次）地上门拜访恳求，最后我不得不答应了他。

6. 我进去的时候，他正在把鱼_____（条）地从鱼缸里捞出来。

五、选择正确的答案。

1. 刚才我_____，你做的蛋糕好吃极了。
   A. 尝尝了　　B. 尝一尝　　C. 尝了尝　　D. 尝尝

2. 过年了，孩子们都_____地穿上了新衣服。
   A. 高高兴兴　B. 高兴高兴　C. 高兴一下　D. 高一下兴

3. 老师，这个句子的意思我还不明白，请您再给我_____。
   A. 解释了解释
   B. 解释解释
   C. 解释一解释
   D. 解释又解释

4. 叫小李_____，经理有件事想问问他。
   A. 过来过来　B. 过过来来　C. 过一下来　D. 过来一下

5. 这对年轻人的喜事办得_____的。
   A. 热闹热闹　B. 热闹闹　　C. 热闹　　　D. 热热闹闹

6. 奶奶看着孩子们_____可爱的笑脸，乐得嘴都合不拢了。
   A. 一张的
   B. 一张张
   C. 一张一张的
   D. 一张一张地

7. 我要_____的故事发生在欧洲。
   A. 讲了讲　　B. 讲一讲　　C. 讲讲的　　D. 讲的

六、为括号里的词语选择恰当的位置。

1. 我 A 一遍 B 一遍地 C 读着爸爸的信，D 不禁泪流满面。（又）

2. A 他一次 B 一次地欺骗我，C 伤透了我的心，我 D 决定跟他分手。（又）

3. 爸爸看 A 看 B 儿子，不知道 C 说什么才好 D。（了）

4. 哥哥又和我谈 A 谈 B 去 C 中国留学的好处 D。（了）

5. 你还是 A 休息 B 再 C 做 D 吧，别太累了。（一下儿）

6. 你 A 陪 B 我到 C 外面透 D 新鲜空气，好吗？（一下儿）

七、辨别正误。

1. A. 这段话我反复看了几遍，还是没弄明白。
   B. 这段话我反复看看，还是没弄明白。

2. A. 昨天面试的时候，问题不太难，我想一想就开始回答主考官的问题。
   B. 昨天面试的时候，问题不太难，我想了想就开始回答主考官的问题。

3. A. 听了我的回答，他朝我点了点头笑了。
   B. 听了我的回答，他朝我点点头了笑了。

4. A. 我明年就大学毕业了。
   B. 我明年就毕业大学了。

5. A. 妈妈轻轻地走到孩子床前，给他盖好被子。
   B. 妈妈很轻轻地走到孩子床前，给他盖好被子。

6. A. 姐姐不爱打扮，总是朴朴素素。
   B. 姐姐不爱打扮，总是朴朴素素的。

八、讨论一下，下面句子中的这些词为什么有两种重叠方式。

1. A. 他轻轻松松地从考场里出来了。
   B. 都考完了，我们去酒吧轻松轻松吧。

2. A. 高高兴兴上班去，平平安安回家来。
   B. 快把好消息告诉你的家人，也让他们高兴高兴。

3. A. 全家人亲亲热热地坐在一起吃年夜饭。
   B. 小狗一见主人回来，便扑上去，要跟主人亲热亲热。

九、观察下面的句子，其中的画线部分表示什么意义？属于本章所说的动词重叠现象吗？

1. 她<u>蹦蹦跳跳</u>地回家了。

2. 你不要老是跟他们一起<u>吃吃喝喝</u>。

3. 他俩一路<u>说说笑笑</u>，<u>打打闹闹</u>，不知不觉走到了大门口。

十、用动词、形容词或数量短语的重叠方式描写一个人、一个地方或者一个情景。

第11章

"地"和状语及介词短语

一、"地"和状语

助词"地"用于状语和中心语之间,起连接作用。可以说,"地"是状语的形式标志。

> 状语＋"地"＋中心语

如:

学校<u>热烈</u>地欢迎新来的同学。
我<u>反复</u>地思考这个问题。
一辆汽车在马路上<u>飞快</u>地奔驰。
妈妈<u>放心</u>地点了点头。

但是,不是所有的状语后都要用"地"。

1. 一般来说,描写动作者的状语后面都要加"地"。如:

今天,我们<u>高兴</u>地来到向往已久的地方。
他<u>神情严肃</u>地向大家宣布比赛规则。
他<u>摇摇晃晃</u>地向我们走过来。

2. 描写动作、变化的形容词、副词、动词、重叠式数量短语作状语,一般来说加不加"地"都可以。强调描写作用时,可以加"地";不强调时,可以不加"地"。如:

我把书包从里到外<u>仔细</u>(地)翻了一遍。
天气<u>渐渐</u>(地)热起来了。
老师在考场里<u>来回</u>(地)走动。
老师<u>一遍遍</u>(地)纠正同学们的发音。

单音节形容词后一般不用"地"。如:

今天是开学第一天,要<u>早</u>去。

> 我不送你了，你慢走。

形容词短语做状语要用"地"。如：

> 大家都在十分认真地听老师讲课。

3. 对动作行为从时间、处所、工具、方式上加以限制的状语，后面一般不用"地"。如：

> 校长马上回到了办公室。（时间）
> 我正用手机给你打电话。（工具）
> 他们在学校食堂用餐。（处所）

部分双音节程度副词表示强调时可以用"地"。如：

> 小张今天格外/非常地兴奋。

典型错误

> ＊我非常仔细找了一遍。
> ＊你已经迟到了，还不快地走！

分析：

1. 描写动作的形容词可以直接修饰动词，但是形容词前有程度副词时，一定要用"地"。
2. 单音节形容词修饰动词时，后面一般不用"地"。

因此，上面两句应该改成：

> 我非常仔细地找了一遍。/我仔细（地）找了一遍。
> 你已经迟到了，还不快走！

二、介词短语

　　介词加上名词、代词或名词性短语，组成介词短语。介词短语最常见的是在句子中做状语，介绍出跟动作行为、性质有关的时间、处所、方向、方式、范围、对象、原因、施事、受事等。如：

> 他朝我扔过来一个球。（表对象）
> 这个任务由你来完成。（表施事）
> 从下星期开始我们进入复习考试阶段。（表时间）
> 今天早上小王他们在学校食堂吃早饭。（表处所）
> 你要按照自己的兴趣来选择专业。（表方式）

介词短语有时也可做定语，这时后面一定要加"的"。如：

> 我在找一篇关于气候变化的文章。
> 请转达我对他的问候。

一部分介词短语还可以放在动词后面做补语[①]。如：

> 他住在北京。
> 他来自上海。

需要注意的是，介词不能重叠，也不能带"了""着""过"等动态助词。像"朝着""随着""沿着""为了""除了"等中的"着""了"不是动态助词，而是介词本身就有的构词成分。如：

> 沿着这条路一直走就可以到我们公司了。（表方向）
> 为了掌握先进的技术，我去国外的公司进修。（表目的）

典型错误

* 我认识了一位漂亮的中国女孩儿在昨天的圣诞节晚会上。
* 我们关于这方面问题不太清楚。

[①] 这类句子有两种分析法。一种分析法是看成介词短语放在动词后做补语：住｜在北京，来｜自上海。另一种分析法是看成动结式或复合动词带宾语：住在｜北京，来自｜上海。

分析：

1. "在…"组成的介词短语，表示动作行为发生的时间或处所时，应放在主语前，或者位于动词前。

2. 介词"关于"表示动作所涉及的人，或事物所涉及的范围，但"关于…"做状语，只用在主语的前面。而"对于"用来介绍出有关的人或事物，可以用在主语前，也可用在主语后。

因此，上面两句可以改成：

我在昨天的圣诞节晚会上认识了一位漂亮的中国女孩儿。/在昨天的圣诞节晚会上，我认识了一位漂亮的中国女孩儿。

关于这方面的问题，我们不太清楚。/对于这方面的问题，我们不太清楚。/我们对于这方面的问题不太清楚。

三、复杂的状语

复杂的状语是指一个句子中同时包含两项或两项以上的状语。如：

他 现在 已经 成为一名外科医生了。

小明 日前 在接受采访时 不无自豪 地告诉了记者这样一件事情。

她 从小 就 非常努力自觉地 学习外语。

小刘 正 在教练指导下 积极努力地 备战奥运会。

复杂状语的排列顺序不太固定，一般来说，其顺序大体如下：

（1）表时间的状语；（2）表语气、关联、频率、范围等的状语；（3）描写动作者状态的状语；（4）表原因、目的、依据的状语；（5）表处所、空间、方向、路线的状语；（6）由介词"把""被""叫""让"组成的短语及表对象的状语；（7）描写动作的状语。

如：

  她 刚才 大方地 在同学面前 出色地 表演了自己创作的小品。(1) (3)   (5)   (7)

  几个月来 他 都 这样 拼命地 练习。
   (1) (2) (2) (7)

  这几天，他 为了通过 HSK 考试 跟同屋的朋友 夜以继日地 学习。(1)   (4)   (6)   (7)

但是，描写动作的状语，为了突出其描写作用，也可以放在表处所、方向、空间、路线的状语前，特别是双音节的、重叠式的形容词以及数量短语的重叠形式。如：

  她 小心地 从皮夹子里面取出一张男朋友的照片。
  他 慢慢地 在合同上用汉字签上了自己的名字。
  旅客们 排着队 一个一个地 向前接受入境的检查。

如果句子里同时出现两个描写动作的状语，那么音节多的在前，音节少的在后。如：

  他夜以继日地刻苦学习。
  我情不自禁地满意地笑了。

典型错误

 * 昨天晚上我们一直从八点聊到半夜两点。

 * 入夏以后，这里从来似乎没有下过雨。

分析：

 1. 在复杂的状语里，句子里同时出现几个表示时间的短语，应该是时间词在前，然后是介词短语，最后是时间副词。

 2. 多个副词连用，语气副词和时间副词一般在前，而否定副词一般在后。

所以，上面的句子应该改为：

　　昨天晚上我们从八点一直聊到半夜两点。
　　入夏以后，这里似乎从来没有下过雨。

练　习

一、指出下列句子中哪些横线上一定要加"地"，哪些不可以加"地"。

　　1. 他自豪____说："我已考上北京大学了。"

　　2. 我们刚才简单____讨论了这个问题。

　　3. 今天我要亲自____下厨，让你尝尝我的手艺。

　　4. 小王和他的朋友们一起____去了故宫。

　　5. 坚持体育锻炼，可以很有效____提高身体素质。

　　6. 心情不好时，我想一个人安安静静____呆着。

　　7. 那个女孩儿格外____漂亮。

　　8. 两国人民要永远友好____相处下去。

二、请用"的""得""地"填空。

　　1. 听到这个消息，她高兴____跳了起来。

　　2. 他____口语比我说____流利。

3. 白经理有两个孩子，大____十岁，小____五岁。

4. 我今天买了一些水果，有香蕉、橘子、苹果什么____。

5. 美华匆匆忙忙____向我们跑来。

6. 听说合同丢了，经理急____像热锅上的蚂蚁。

7. 吴老师认真____看了每个同学____作业。

8. 炎热____夏天到了，大家都换上了短袖衬衫。

9. 你的房间打扫____真干净。

10. 八月十五那天，圆圆____月亮挂在天空中，显得特别明亮。

三、请指出下面句子中的状语，并用〔　　〕标出。

1. 他刚吃完早饭。

2. 我今天特意很早地来到了教室。

3. 他刚才不小心把同桌的铅笔盒打翻了。

4. 我非常羡慕地看他开着那辆名牌轿车。

5. 每天早上我都在学校操场上跑步。

6. 小李从后面飞快地跑了上来。

7. 下课以后，我常常和同学们一起去食堂吃饭。

四、用"对、给、根据、被、由于、往、在、从"等词填入下列句子中。

1. 这些文物____运输过程中受到严重损坏。

2. ____大家的努力，任务终于按时完成了。

3. ____你的意见与建议，公司决定派你去上海出差。

4. 今天身体不好他也不____妈妈说。

5. 我每天都____学校图书馆经过。

6. 我乘上了开____香港的飞机。

7. 他要我____他拿饮料。

8. 我们____那首优美动听的歌吸引了。

五、用状语完成下列的句子。

1. 我_____ _____来到了电影院的门口。

2. 小李_____收到了北京大学寄来的入学通知书。

3. 作为一名公司职员，要_____知道公司的历史、现状及未来。

4. _____，请大家做一下自我介绍。

5. 我们_____ _____进行交流。

6. _____，你们填写一下问卷调查表。

7. 他_____ _____ _____打扫了一遍。

8. 老师知道后，_____ _____告诉了学校领导。

六、为括号里的词语选择恰当的位置。

1. A 他 B 每月五千元的租金把那套公寓租给了 C 一个 D 来上海工作的外国人．（以）

2. A 经济 B 建设高潮的到来，必将 C 出现 D 一个文化高潮。（随着）

3. A 现在身体 B 健康，我想 C 去世界各地 D 旅行。（趁）

4. A 从上世纪 90 年代开始，中国 B 正试图 C 一系列的战略措施 D 应对人口老龄化。（通过）

5. A 绿色食品标志是 B 绿色 C 食品采用的特定的质量证明商标，由图案、文字、和编号组成，D 三者缺一不可。（对）

6. A 大学生志愿者 B 享受 C 国家规定的支持政策外，还将享受 D 市政府给予的补贴。（除）

七、选择正确的答案。

1. 我很想了解_____中国改革开放的新政策。
   A. 对　　　B. 对于　　　C. 至于　　　D. 关于

2. 在银行里存钱时，要_____本人有效证件。
   A. 以　　　B. 凭　　　C. 由　　　D. 据

3. 我们必须_____规定的日期完成施工。
   A. 根据　　　B. 按期　　　C. 按照　　　D. 按时

4. 老师详细地_____新同学介绍了学校的情况。
   A. 朝　　　B. 在　　　C. 往　　　D. 向

5. _____调整国家经济结构，政府采取了一系列的政策、措施。
   A. 为了　　B. 因为　　C. 由于　　D. 自从

八、把下列每组句子改写成一个包含复杂状语的句子。

1. 三年前我学过中国功夫。
   我在学校学习。
   我认真地学习。

2. 他拿出了一本三十年前的护照。
   他非常激动地拿。
   他小心翼翼地拿。

3. 我马上赶了过来。
   我从家里赶过来。
   我着急地赶过来

4. 他为儿子唱起歌来。
   他不由自主地唱起歌来。
   他大声地唱起歌来。

5. 妈妈和蔼地说："这件事你处理得很好！"
   妈妈对我说："这件事你处理得很好！"
   妈妈面带笑容地说："这件事你处理得很好！"

6. 他非常自信地说。
   他流利地说。
   他用英语说。

7. 我们刚刚离开。
   我们从后门离开。
   我们悄悄地离开。
   我们用最快的速度离开。

8. 导游向我们介绍这里的名胜古迹。
   导游在入口处介绍。
   导游熟练地介绍。
   导游用英语介绍。

九、用括号里的词语，将下列句子扩写成含有复杂状语的句子（可在适当地方加"地"）。

1. 我参加了圣诞节晚会（在国际饭店　很高兴　昨天）

2. 他走了出来。（不安　跟着老师　从宿舍里面）

3. 分别已久的夫妻团聚了。（幸福　终于　现在）

4. 掌声响起来了。（热烈　如雷鸣般　顿时）

5. 我走到了外滩。（就　不知不觉　从人民广场）

6. 她控制体重。（严格　非常　整天）

7. 我做完了。（把练习　好不容易　才　睡觉前）

8. 他拿钱了？（偷偷　刚才　从我那儿　难道）

9. 他体验到学习的乐趣。（真正　进大学以后　才）

10. 你解释清楚。（向大家　务必　关于这个问题）

十、判别下列句子的正误。

1. A. 他从头到尾认真地把文章看了一遍,又在某些句子作了修改。
   B. 他认真地把文章从头到尾看了一遍,又对某些句子作了修改。

2. A. 同学们很快地掌握了发音技巧。
   B. 同学们快地掌握了发音技巧。

3. A. 我对上名牌大学的希望是没有了。
   B. 我上名牌大学的希望是没有了。

4. A. 他现在已经和他的女朋友一起去黄山了。
   B. 他已经现在和他的女朋友一起去黄山了。

5. A. 我从早上八点到中午十二点一直在学校上课。
   B. 我一直在学校上课从早上八点到中午十二点。

6. A. 经常我跟她一起去图书馆看书。
   B. 我经常跟她一起去图书馆看书。

7. A. 他从来不把成绩当作一回事。
   B. 他把成绩从来不当作一回事。

8. A. 这个小区的班车大约半个小时才来一趟,很不方便。
   B. 大约半个小时这个小区的班车才来一趟,很不方便。

十一、改错。

1. 他非常勇敢面对出现的困难。

2. 我每次去旅游的时候都买礼物会给我的女儿。

3. 听到闹钟的声音，我立刻地起床。

4. 你应该多地练习写汉字。

5. 他跑上了山顶一口气。

6. 我们要非常积极主动努力做好各项准备工作。

7. 你们千万明天不要迟到。

8. 他非常对中国的剪纸艺术感兴趣。

9. 这位老师深受在学生中尊敬。

10. 他的脾气摸透了被妈妈。

11. 已经睡了十个小时了，可我觉得依然没睡醒。

12. 经常下课以后我跟我的同学们一起去学校的后门吃饭。

13. 沿着外滩不久往南走，就到了豫园。

14. 从分手到现在，我没有一直看到他。

十二、小王是一个二十多岁的大学生，想象一下小王在下面的情境中的行为表现，并用"状语＋动词"的格式描述一下。如：

小王看到前面50米的地方一位老人被汽车撞倒了……

小王马上奔过去，<u>小心翼翼地把老人搀扶起来</u>，<u>然后又赶紧</u>掏出手机拨打120……

(1) 他所在的足球队得了冠军……

(2) 见到他分别了一个月的女友……

(2) 地震了……

第12章

复句和关联词语

一、复句的特点

句型可以分成单句和复句两大类。由两个或两个以上的单句形式构成,表达一个完整的意义的句子叫复句。构成复句的各个单句形式叫分句。复句的特点是:

1. 各个分句间有密切的语义关系。如:

（1）语言是交际的工具,也是思维的工具。
（2）那儿污染严重,必须抓紧治理。

2. 分句之间有停顿,在句法结构上是相互独立的。比较:

（1）我昨天没去体育场训练。
（2）我昨天去了体育场,可是没参加训练。
（3）我们都知道,他是一个热心人。
（4）我们都知道他,他是一个热心人。

（1）是连动句,是一个单句,（2）是复句,包括两个分句,中间有停顿。（3）虽然中间有停顿,但仍然是单句,因为"他是一个热心人"只是"知道"的宾语,（4）是复句。（4）跟（3）表达的意思也不完全一样。

两个分句的主语可能相同,也可能不同。复句里,省略主语是常见的现象。如:

我昨天晚上跟朋友一起去看了部电影,（我）很晚才回家。
我昨天晚上看了部电影,（电影）叫《冰海沉船》。
（我们）昨天晚上看完电影,我们又一起去喝咖啡了。

二、复句的关联词语

复句常常使用关联词语。复句的关联词语是指把复句的几个分句连接起来的连词和一部分副词。如下面的"因为……所以……""如果……就……"：

  因为公司要在北京设立办事处，所以就派他去北京了。
  如果你有什么困难，就尽管给我打电话。

  有些复句如果没有关联词语，分句就无法联系起来，或者语义关系不明确。如：

  他去，我去。

  这句话的意思不够明确。加上关联词以后，意思就明确多了：

  他去，我也去。
  如果他去，那我也去。
  既然他去，那我也去。
  要么他去，要么我去。
  与其他去，不如我去。

  当然，复句并不总是使用关联词语。如下面的复句就没有关联词语：

  他病了，不能来了。
  院子里有两棵树，一棵是枣树，一棵是梨树。

  关联词语包括连词和一部分副词，连词用在第一分句里的时候，可能放在主语之前，也可能放在主语之后。如：

  <u>因为</u>他迟到了，所以我们推迟了半个小时才出发。
  他<u>因为</u>迟到了，所以没赶上那趟车。

  连词用在第二分句，一定放在主语前（当然，有时候主语省略了）。如：

  虽然我写了申请，<u>但是</u>领导不会同意的。
  虽然写了申请，<u>但是</u>我最终没有得到批准。

虽然我写了申请,<u>但是</u>最终没有得到批准。

关联副词一定放在主语后。如:

如果他确实有困难,那我们<u>就</u>帮他一下。
我跟他打招呼,可他<u>却</u>好象没看见我似的。

三、复句的类型

复句可以分成两大关系类型:联合关系和偏正关系。

联合复句中各个分句之间的关系是平等的,意义上没有主次之分。联合复句包括:并列复句、连贯复句、选择复句、递进复句。

1. 并列复句

各个分句分别说明或描写几件事情、几种情况,或者分别说明或描写同一个人或事物的几个方面。如:

(1) 花儿露出了笑脸,小鸟在欢乐地歌唱。
(2) 我们不是来检查工作的,而是来向你们学习的。
(3) 他是一位受学生欢迎的老师,也是一位受孩子尊敬的好父亲。

并列复句常用的关联词语有:

单用:也　又　还　而　同时　同样　相反
合用:既……又……　又……又……　一边……一边……
　　　是……不是……　不是……而是……

2. 连贯复句

各分句依次叙说连续发生的动作或相关事物。连贯复句各分句要按一定的次序排列,不能颠倒。如:

听你这么一解释,我终于明白过来了。
这次出差我先去上海,然后再去南京。

公园门口有一棵大树，树的右边有一条小路，沿着这条小路一直往前走，就到熊猫馆了。

　　过了那座小桥，船便划进了很宽的河道，于是那个村庄便出现在眼前了。

连贯复句常用的关联词语有：

　　单用：就　才　又　便　再　于是　然后　接着
　　合用：先……然后/再……

3. 选择复句

几个分句分别说明几种不同的情况，并表示从中有所取舍。包括取舍已定和取舍不定两种情况。如：

　　我宁肯呆在教室里，也不愿去闹哄哄的超市。（取舍已定）

　　与其闲在家里睡觉，不如去图书馆看几本有意思的书。（取舍已定）

　　这个暑假我要么去北京旅游，要么去上海旅游。（取舍不定）

　　你是想去英国学英语，还是想去日本学日语？（取舍不定）

表示取舍已定的，常用的关联词语有：宁可/愿/肯……也不……；与其……不如……。

表示取舍不定的，常用的关联词语有：或者……或者……；是……还是……；要么……要么……；不是……就是……。

4. 递进复句

前面的分句提出一种情况，后续分句所表示的意思在数量、程度、范围、时间或者其他各方面更推进一步。如：

　　这个超市里的东西不但价格便宜，而且质量也不错。

　　在这种时候，你不但不帮我一把，而且还不许别人帮我！

> 我们都急得不行，你不但不着急，反而坐在一边听起音乐来。
>
> 别说平时每天下班都很晚，就是周末也不能休息。

递进复句常用的关联词语有：不但（不仅、不只、不光）……而且（并且、还、也、更）……；不但不（没）……反而（反倒、倒、却）……；尚且……何况（还）……；别说……连/就是……还（也）……。

典型错误
* 他是一位好老师，和一个难得的好朋友。
* 这部电影中国人不但喜欢看，而且外国人也喜欢看。
* 吃了这种减肥药以后，我不但没瘦，而且更胖了。
* 失败不是人生的负担，就是人生的财富。

分析：

1. 连词"和"主要连接名词性词语，不能用来连接分句。

2. 如果前后分句的陈述对象相同，那么这一陈述对象一般放在复句的句首，即第一分句的连词之前。如：

> 他不但是位著名的作家，而且也是一位著名的作曲家。
> 不但中国人喜欢这样的歌曲，而且外国人也喜欢。
> 这样的歌曲不但中国人喜欢，而且外国人也喜欢。

3. 如果某一情况导致相反的结果，应该用副词"反而"。如：

> 他一边听音乐一边做功课，不但没有影响做功课，反而做得更快了。

4. "不是……就是……"表示两种情况都有可能，两种情况中必有一种。"不是……而是……"则表示否定前者，肯定后者。如：

> 他现在不是在教室，就是在图书馆。（他可能在教室，

也可能在图书馆。)

这不是一个人的悲剧,而是一个时代的悲剧。(这是一个时代的悲剧。)

所以,上面四句应该改为:

他是一位好老师,也是一个难得的好朋友。
这部电影不但中国人喜欢看,而且外国人也喜欢看。
吃了这种减肥药以后,我不但没瘦,反而更胖了。
失败不是人生的负担,而是人生的财富。

偏正复句由正句和偏句两部分组成。正句与偏句之间的关系是不平等的,有主有次。正句承担了复句的基本意思,是基本的、主要的;偏句修饰或限制主句,是辅助的、次要的。偏正复句包括:假设复句、转折复句、因果复句、目的复句、条件复句、让步复句。

1. 假设复句

偏句提出一种假设,正句说明在这种情况下会出现的结果。如:

(如果)有什么困难,尽管跟我说。
下雨的话,咱们就另找时间。
我要是有足够的钱,就去周游世界。
倘若放任事态发展,后果是严重的。

常用的关联词语有:

如果/要是/假如……(的话),就……

2. 转折复句

偏句提出某种事实或情况,正句转而叙说与偏句相反或相对的意思。如:

这件衣服好看是好看,不过太贵了。
她虽然五音不全,但是唱得很投入。

>尽管这房子离学校远了一点儿,不过周围环境很不错。

常用的关联词语有:

>虽然/尽管……但是/可是/不过/只是/却/倒……

用"虽然……但是……"的句子转折的意味比较重,只用"不过""只是"等,语气上就显得缓和一些。

3. 因果复句

偏句说明原因,正句说明结果。一般是偏句在前,正句在后,也有正句在前,偏句在后的。因果复句包括说明性因果关系和推论性因果关系两种。如:

>因为时间快来不及了,所以他只好坐出租车去了。(说明性因果关系)
>
>他因为对中国很感兴趣,所以打算在中国生活一段时间。(说明性因果关系)
>
>既然你已经这样做了,就不要再后悔了。(推论性因果关系)
>
>这张桌子上有这么厚的灰尘,可见有很长时间没人用这桌子了。(推论性因果关系)

表示说明性因果关系的,常用的关联词语有:因为……所以……;由于……,……;……,因此……;之所以……是因为(是由于、就在于)……。

表示推论性因果关系的,常用的关联词语有:既然……就……。

4. 目的复句

正句提出一种动作行为,偏句说明动作行为的目的。如:

>为了不影响孩子睡午觉,他把录音机的声音开到了最小。
>她一到就赶紧给父母打电话,好让他们放心。
>到时候你再给我打个电话,免得我忘了。

常用关联词语有:为、为了、以、以便、好、以免、免得

5. 条件复句

偏句提出一种条件,正句说明在这种条件下所产生的结果。条件复句又可分为特定条件句和无条件句两大类。如:

  只要你努力,就一定会有进步的。(特定的条件)
  只有立即纠正,才能避免更大的损失。(特定的条件)
  无论什么时候去她家,她总是很热情。(无条件)
  不管你们同意不同意,我都要嫁给他。(无条件)

常用的关联词语有:只要……就……;只有……才……;除非……才……;无论/不论/不管……都/也……

6. 让步复句

偏句提出一种假设的事实,正句表示结论或结果不会改变。如:

  即使你再忙,也不应该忘记女儿的生日。
  困难再大,我们也一定要完成任务。
  就算你遇到很多不开心的事,你也不应该拿朋友出气吧。

常用的关联词语有:即使/就是/哪怕……也……。

典型错误

 * 这时候广州还很热,却北京已经很冷了。
 * 尽管他家离学校很远,他然而却来得最早。
 * 虽然我们是好朋友,我不能违反原则。
 * 不管有很大麻烦,我相信我们一定能成功。
 * 即使我迷路了,我就给你打电话。

分析:

1. "却""就""也"等副词可以充当关联词语,但是一定要放在第二分句主语后面。

2. "但是""然而""而"等用于第二分句的连词一定要放在主语前。

3. 汉语里的关联词语有成对使用的，也有单独使用的，当单独使用的时候，大多数情况下是正句使用关联词。如：

> 虽然困难很大，但是我们有信心克服。
> 困难很大，但是我们有信心克服。
> ＊ 虽然困难很大，我们有信心克服。

当然，并不尽然。如"由于"是用在偏句的，而且正句一般不用关联词：

> 由于情况发生明显变化，我们决定临时调整计划。

4. 要注意区别"不管"和"尽管"。"尽管"相当于"虽然"，用于转折句，指出某一事实；"不管"相当于"无论"，表示在任何情况下都怎么样。用"无论/不管"的时候，基本格式是：

$$\text{无论/不管}\cdots\cdots \begin{cases} \text{疑问词} \\ X \text{还是} Y \\ X \text{不} X \\ \text{多么}\cdots\cdots \end{cases} \cdots\cdots \text{都/也}\cdots\cdots$$

如：

> 不管谁来/你明天来还是后天来/你什么时候来，我们都欢迎。

5. 要注意假设句和让步句的不同。"即使……也……"表示让步关系。让步关系相当于假设加转折。比较：

> 如果他请我，我就去；如果他不请我，我就不去。（假设）
> 即使他请我，我也不去。（让步）
> 即使他不请我，我也一定要去。（让步）

所以，上面的句子应该改为：

> 这时候广州还很热，北京却已经很冷了。
> 尽管他家离学校很远，然而他却来得最早。
> 虽然我们是好朋友，但是我不能违反原则。
> 不管有多大麻烦，我相信我们一定能成功。/尽管遇到了很多麻烦，但是我相信我们一定能成功。
> 如果我迷路了，我就给你打电话。

四、多重复句

有些复句由三个或三个以上分句构成，并且在结构上包含了两个以上的层次，这样的复句叫多重复句。分析多重复句的组成，有助于我们更好地理解这些复杂的长句的确切意思。

分析多重复句，就是首先找出整个复句的第一层次，在其界限划出"｜"，并确定其关系；然后再找出第二层次，在其界限划"‖"，并确定其关系；如果有第三层次，则在其界限划"‖|"，并确定其关系；以此类推。如：

> （1）为了更好地发展两国关系，｜两国政府不仅需要加
> 　　　　　　　　　　　　　　　　目的
> 强互访，‖|以便加深相互理解，‖而且需要建立一个常设机
> 　　　　目的　　　　　　　　　　　　递进
> 构，‖|以便及时协调有关问题。
> 　　　目的

> （2）由于南方的冬天潮湿多雨，‖而室内又没有暖气，｜很
> 　　　　　　　　　　　　　　　　并列　　　　　　　因果
> 多北方人往往不能适应，‖成为"最怕冷"的一群人。
> 　　　　　　　　因果

多重复句符合人们表达复杂的思想的需要。恰当地运用多重复句，可以使我们的表达更加严密、周全。例如，讨论环境和生

活的关系时,我们可以说:

> 如果环境不好,那么我们的生活不会幸福。

那么,如果环境不好,可是经济发展了,生活又会怎样呢?我们可以说:

> 如果环境不好,那么,即使经济发展了,我们的生活也不会幸福。

如果说得再具体一点儿,"环境不好"到什么程度呢?"经济发展"会带来什么呢?我们就需要再补充一些内容,于是,句子就更加复杂了:

> 如果环境不好,甚至越来越差,那么,即使经济发展了,收入提高了,我们的生活不但不会幸福,反而只会倒退。

这句话包含了五个分句,有三个层次:

> 如果环境不好,‖甚至越来越差,│那么,即使经济发展了,‖
>   递进   假设   并列
> 收入提高了,‖我们的生活不但不会幸福,‖反而只会倒退。
>   让步   递进

练 习

一、选择正确的答案。

 1. 我们学校附近的公园_____有山,_____有水,每天都吸引了很多游客。
  A. 虽然……也……　　　B. 即使……也……
  C. 既……又……　　　　D. 就是……也……

2. 他的父母见了我们，_____是倒茶，_____是拿糖，真是热情极了。
   A. 一边……一边……　　B. 又……又……
   C. 越……越……　　　　D. 也……也……

3. 这台录音机，_____扔掉，_____送给需要的人。
   A. 如果……就……　　　B. 宁可……也……
   C. 与其说……不如说……　D. 与其……不如……

4. 你_____很长时间没回家了，_____会觉得一切都还是老样子。
   A. 如果……那么……　　B. 虽然……但是……
   C. 即使……就……　　　D. 越……越……

5. 最初这几天外婆对我很严厉，后来_____好起来了。
   A. 所以　　B. 还　　C. 却　　D. 但是

6. 路边的花儿开了，我们_____注意到春天已经悄悄地来了。
   A. 所以　　B. 但是　　C. 以便　　D. 才

7. 虽然温度很低，我_____觉得一点儿也不冷。
   A. 却　　B. 所以　　C. 但是　　D. 就

8. _____要在纸上准确地把鸡蛋的轮廓画出来，_____非要下一番苦工夫不可。
   A. 如果……则　　　　B. 如果……就
   C. 即使……也……　　D. 虽然……但……

9. _____只出去四五个月，_____像久别回家那样，心里很激动。
   A. 即使……就……　　B. 除非……否则……

C. 虽然……也　　　　　D. 因为……所以……

10. 歌声拖得很长很长，_____能传得很远很远。
    A. 因为　　B. 也　　C. 却　　D. 因此

11. 一次大风沙袭击，可以把幼苗全部打死，_____连根拔起。
    A. 就　　B. 甚至　　C. 所以　　D. 以便

12. 刘涛今天迟到，_____出来晚了，_____公共汽车晚点了。
    A. 不是……而是……　　B. 不是……就是……
    C. 又……又……　　　　D. 虽然……但是……

13. _____在这里干等，_____先找个事做着。
    A. 一边……一边……　　B. 既……又……
    C. 与其……不如……　　D. 宁可……也……

14. 那个漂亮的女孩儿是一位典型的东方人，我觉得她_____日本人，_____韩国人。
    A. 或者……或者……　　B. 不是……而是……
    C. 不是……就是……　　D. 既……也……

15. 你这么说，_____不能解决问题，_____会影响两个公司的关系。
    A. 不但……反而……　　B. 不但……可是……
    C. 虽然……但是……　　D. 因为……所以……

16. 这件衣服_____旧了点儿，_____穿在身上很舒服。
    A. 无论……都……　　　B. 不但……反而……
    C. 因为……所以……　　D. 虽然……但是……

17. 这笔钱_____不多，_____对他们来说却是一个不小的数目。
    A. 因为……所以……   B. 如果……那么……
    C. 虽然……但是……   D. 不但……而且……

18. 这孩子太淘气了，_____他在家，_____不得安宁。
    A. 只有……才……   B. 只要……就……
    C. 虽然……却……   D. 无论……都……

19. _____是脑子有问题，_____谁也不会那样做的。
    A. 如果……就……   B. 即使……还……
    C. 既然……可见……   D. 除非……否则……

20. 哎呀，太晚了！看来_____坐出租车去，_____能赶上火车。
    A. 只有……才……   B. 不管……都……
    C. 所以……因为……   D. 虽然……但是……

二、为括号里的词语选择恰当的位置。

1. A 姐姐 B 长 C 得好看，D 而且妹妹也长得不错。（不但）

2. 这姑娘不仅聪明 A 伶俐，B 性格 C 热情 D 活泼。（而且）

3. A 自然 B 是伟大的，C 人类 D 更伟大。（然而）

4. A 在沙漠里 B 行走本来就够 C 艰难的了，D 又碰上这么大的风？（何况）

5. 新鲜的鸡蛋 A 会沉在水底，B 坏了的鸡蛋 C 会 D 浮起来。（却）

6. 只有对自己的生活 A 充满信心的人 B 能笑得 C 这么 D 开心。（才）

7. 今晚你要 A 早点儿 B 休息，明天 C 早点儿 D 起床。（好）

8. 朋友们 A 劝小丽 B 结婚前 C 要考虑清楚，D 结婚后后悔。（省得）

9. 请 A 不要携带危险品 B 上 C 飞机，D 发生意外。（以免）

10. 我 A 一 B 解释，C 爸爸 D 更生气了。（反而）

三、去掉不必要的关联词语或者改正用错的关联词语。

1. 因为天气凉了，所以要多穿点儿衣服。

2. 你既然知道做错了，因此就应当赶快改正。

3. 如果不在沉默爆发，那么就在沉默中灭亡。

4. 他自己不跟老师讲，并且倒要我讲。

5. 小红因为累得很，因此一句话也不想说。

6. 如果平时工作很忙，她也要挤时间去看望父母。

7. 任何事情只要努力去做，才能做好。

8. 这次旅游，或者坐船，或者乘车，我们还没确定。

9. 我赞成他的意见，但是他的女朋友反而不赞成。

10. 尽管跟他谈了老半天了，也还是谈不通。

四、选择恰当的关联词语填在横线上。

> 不仅……还……　　虽然……还是……　　宁可……也不……
> 既……又……　　如果……就……　　不是……就是……
> 不管……都……　　一边……一边……　　尽管……不过……
> 既然……就……

1. _____我们是邻居，_____平时来往不多。

2. 小李_____自己挨老师的批评，_____愿说出朋友的秘密。

3. _____明天下雨，春游的活动_____推迟举行。

4. 小明做事很马虎，上学_____忘了带书，_____忘了带笔。

5. _____工作多么忙，他_____坚持每天到健身房锻炼一个小时。

6. 爸爸_____会开火车，_____会开汽车。

7. 姐姐_____会唱歌，_____会跳舞。

8. 妈妈_____织毛衣，_____看电视。

9. _____他不一定来，我们_____要通知他。

10. _____医生说要让你多休息，我_____不打扰你了。

五、观察下面的句子，讨论一下"只要……就……"和"只有……才……"的区别。

（孩子感冒了，母亲劝孩子吃药，孩子不肯吃）
1. 孩子：我一定得吃吗？
   母亲：一定得吃，只有吃了药，你的感冒才会好。

2. 孩子：吃药真的管用吗？
母亲：当然了。只要你吃了药，你的感冒就一定会好。

六、观察下面的句子，讨论连词"和"用得对不对，概括一下"和"的使用条件。

1. 你要兼顾生活和工作两个方面。

2. 我们详细讨论和分析了事情的来龙去脉。

3. 他们的品质纯洁和高尚。

4. 昨天晚上我们一起唱歌和跳舞。

5. 他工作很忙，和任务非常重。

七、观察下面的句子，讨论一下"于是"和"接着"、"却"和"但是"、"既然"和"因为"、"尽管"和"不管"的区别。

1. 刚出门，发现下雨了，于是又赶紧回家去拿雨伞。
他先做了一个学术报告，接着，又主持了一场学术讨论会。

2. 天气这么冷，他却只穿一件 T 恤。
天气很冷，但是我们的心是温暖的。

3. 因为身体不舒服，所以我昨天没去上班。
既然你身体不舒服，那你早点儿下班吧。

4. 尽管自己也很穷，但是他很乐于帮助别人。
不管自己多穷，他也要想方设法帮助别人。

八、观察下面的句子，分析一下内部各分句之间是什么关系，这些复句能纳入本章归纳的复句类型中去吗？你还能想到其他更多的类型吗？

1. 你越解释，我越糊涂。

2. 我怎么说，你就怎么做。

3. 天还没亮，他就起来了。

4. 来参加婚礼的人很多，有我的朋友，也有她的朋友。

九、观察下面的句子，想一想：下面句子里的画线部分都是关联词吗？如果是关联词，是用来连接哪两个部分的？

1. 这种题目<u>就是</u>大学教授<u>也</u>不一定做得出来。

2. <u>只有</u>你<u>才</u>能说服他。

3. <u>由于</u>天气原因，本次航班取消。

4. 让我们<u>为</u>世界和平<u>而</u>做出我们的贡献！

十、分析下面的多重复句。

1. 我虽然不认识他，甚至从来没见过他，但是相信他是一个好人。

2. 如果不注意保护环境，而是肆意破坏环境，那么，即使经济发展了，财富增加了，人们也不会有幸福的生活。

十一、选择下面的话题之一发表一段演讲。注意通过关联词语来凸显你的观点的逻辑关系。

1. 我们只有一个地球

2. 多元的文化，多彩的世界

3. 财富的增长能给我们带来幸福吗

第13章

连动句、兼语句、紧缩句

连动句、兼语句、紧缩句都是汉语里的一种紧缩格式。所谓紧缩格式，就是用单句的形式表达一个比较复杂的意思，句子里有两个或两个以上的谓语动词，但是中间没有停顿。连动句、兼语句的内部不使用关联词语，因而显得更加紧密，紧缩句的内部往往使用关联词语，一部分紧缩句可以变换成复句。

一、连动句

连动句的谓语由两个或两个以上的动词性或形容词性短语构成，中间不能有语音停顿，也没有关联词语，书面上不能用逗号隔开。

常见的连动句的类型有：

1. 前一动词或动词短语表示的是后一动作所采用的方式。如：

  他每天都骑车上学。
  我用笔写字。

2. 后一动词或动词短语表示的是前一动作的目的。如：

  妈妈去超市买东西。
  他常常找我聊天。

3. 前后动词或动词短语表示动作的连续进行。如：

  他打开茶壶倒水。
  那个小孩子跑过来抱住了自己的妈妈。

4. 后一动词或形容词短语表示前一动作的结果。如：

  她听到这个消息高兴得跳了起来。
  他参加比赛得了个第二名。

5. 前一动词是"有"或"没有"。后面顺接"干什么"。如：

   老师有事找你。

   我们没有时间讨论这个问题。

6. 前后两个动词或动词短语是相互补充、说明的关系。如：

   他老是站在窗口看我们上课。

   她紧闭着嘴一句话也不说。

典型错误

* 我每天去学校坐地铁。
* 我昨天去南京路没买东西。
* 我昨天去了南京路买东西。

分析：

1. 要注意连动句的两种格式：方式＋行为，行为＋目的。因此下面两句话的意思是不同的：

   我坐车去人民广场。

   我去人民广场坐车。

前一句话说的是我怎么去人民广场，后一句说的是我去人民广场干什么。当然，方式和目的可以在同一句话里出现。如：

   我骑自行车去人民广场看演出。

2. 连动句否定的时候，否定词应该放在第一个动词之前。如：

   我不去南京路买东西。

   我昨天没去南京路买东西。

当然，这时候句子是有歧义的：

   我不去南京路买东西，我去北京路买东西。

   我不去南京路买东西，我去南京路看电影。

   我昨天没去南京路买东西，我去北京路买东西了。

我昨天没去南京路买东西，我去南京路看电影了。

如果要特别表明是想否定第二个行为，可以采用两个小句来说。如：

我去南京路，不过不买东西。
我昨天去了南京路，不过没买东西。

3. 当用连动句叙述过去的某个行为时，"了"或"过"一般应该放在连动句的最后一个动词之后，这时候，虽然用的是两个动词，但是我们是把相关行为看成为一个整体的。如：

我昨天去南京路买东西了。
我昨天去南京路买了很多东西。
我去西安旅行过。

所以，上面的三个句子应该改为：

我每天坐地铁去学校。
我昨天没去南京路买东西。
我昨天去南京路买东西了。

二、兼语句

句子中第一个动词的宾语同时又是第二个动词或形容词的主语，这个"身兼两职"的词语就叫兼语，这类句子叫兼语句。

常见兼语句的类型有：

1. 表示使令意义的兼语句

兼语句的第一个动词一般是带使令意义的动词，如"请、让、叫"等。如：

我朋友请我去他家吃饭。
妈妈让孩子们赶紧回家吃饭。
警察没让我们出示护照。

除了"请、让、叫"外，表示使令意义的动词还有"要、要求、请求、派、招呼、邀请、约、托、安排"等。如：

  他要我明天再来。
  公司派他去国外工作。

"使"字句常用于书面语，也是兼语句的一种。如：

  他说的话使大家感到有点儿不舒服。
  你所做的一切都使我们十分失望。

2. 表示称谓或认定意义的兼语句。

这类句子中第一个动词一般是表示称谓或认定意义的动词，如"称、叫、骂、选、选举、推选、推荐、拜、认、认为"等，兼语后的动词多为"做（作）、为、当、是"等。如：

  全体同学都选李明当班长。
  他骂我是骗子。
  我们拜她为师。

3. 第一个动词是"有"的兼语句。如：

  我有一个中国朋友叫王方。
  我有一个妹妹很可爱。
  这儿没有谁不喜欢听音乐。

4. 第一个动词是表示喜欢或讨厌意义的动词，如"爱、恨、喜欢、讨厌、佩服、夸奖、怪、讥笑"等。如：

  我喜欢他诚实。
  你不要总怪别人不帮助你。
  老师夸奖小王学习有进步。
  我讨厌你不告诉我实情。

典型错误

*　他问我去他家。
*　老师让大家不说话。
*　他请过我去他家。

分析：

1. 汉语里没有"问某人干某事"的格式，而是说"请某人干某事"，这里的"请"是"请求、邀请"的意思。

2. 兼语句的兼语后部分如果要否定的话，否定词用"别""不要"。如：

　　他叫我别着急。
　　他命令大家不要乱跑。

3. 在表使令意义的兼语句里，"了""过"应该放在后一个动词的后面。如：

　　老师让我读了三遍课文。

所以，上面的句子应该改为：

　　他请我去他家。
　　老师让大家别说话。
　　他请我去过他家。

三、紧缩句

紧缩句常用成对的、配套的关联词语构成一些固定格式，内部没有停顿，表示条件、因果、让步等各种关系，往往可以扩展成复句。如：

　　不下雨就去，下雨就不去。
　　（如果不下雨，我们就去；如果下雨，我们就不去。）

>你有空得去,没空也得去。
>(如果你有空,当然得去;即使你没有空,你也得去。)
>她怎么劝也不听。
>(无论我们怎么劝她,她都不听。)

紧缩句虽然有几个谓语动词,可是相关的主语一般只出现一个,甚至一个也不出现。如:

>你来我欢迎,别人来一概不见。(别人来,我一概不见)
>门没锁,我一推就开了。(我推门,门开了)
>这书容易,一看就懂。(X看书,X就懂)

紧缩句词语精练,含义丰富,往往要结合上下文和特定语境才能准确地理解句子的意思。如"他一叫就来"这句话,在不同的上下文里,就可以有不同的理解:

>他是个热心人,谁需要帮忙,他一叫就来。
>我叫你不来,他一叫就来,你也太不给我面子了!

紧缩句常见的格式有:

1. 用"就""也""再""才""都"等关联词。如:

>要么不做,做了就要做好。
>领导来了我也是这话。
>我自己能解决也不来求你了。
>等出了问题再研究,那就晚了!
>亲手做一遍印象才会深刻。
>你什么时候来都欢迎。

2. 用"越……越……""再……也……""一……就……""不……不……"等成对的关联词语。如:

>苹果越红越好吃。
>我越想越觉得不对。
>再大的困难也要克服。

他一有空就跑来找我聊天。

这种方法一学就会。

她非把这项工作做完了才肯回家。

我不说不舒服。

你不说我也明白。

3. 不含关联词语的。如：

你放心，出了事找我。

怎么想怎么说，不要有顾虑。

做错一个扣两分，做对一个加五分。

练　习

一、完成下面的句子。

1. 我就喜欢她_____。

2. 我有个朋友_____。

3. 我有辆旧车_____。

4. 我们一致选他_____。

5. 我来这儿_____。

6. 这事儿得怪他_____。

7. 他听到这个消息_____。

8. 他太极拳打得很好，我想拜他_____。

二、下面句子里的"着"起什么作用？

1. 别躺着看书。

2. 孩子哭着扑向母亲。

3. 他正忙着准备晚餐呢。

4. 两人说着说着就吵起来了。

5. 孩子们吵着要吃北京烤鸭。

6. 这菜该炒着吃还是煮着吃？

7. 他每天拿着一个茶杯走进教室。

8. 你别把东西藏着不肯拿出来啊。

三、观察下面几组句子，分析一下紧缩句和复句有什么不同。

1. 雨越下越大了。
   他越说越激动。
   越往南，天气越热。

2. 他一到家就睡觉。
   这药一吃就好。
   他一进门，我们就围了上去。

3. 你再催也没用。
   再苦也没有我们当年苦吧。
   再热下去，我可受不了了。

四、改错。

1. 我去学校坐地铁。

2. 你明天请他来不来？

3. 我昨天去城里没买东西。

4. 我们去过西安旅行。

5. 他非把作业做完了不睡觉。

五、分析下面紧缩句的意思。

1. 你爱信不信。

2. 我是无事不登三宝殿。

3. 六点开车，过时不候。

4. 这孩子谁见了都喜欢。

5. 你有意见还不赶紧说？

6. 你干就要干出个样子来。

7. 不吃白不吃，吃了也白吃。

8. 该怎么干就怎么干，出了问题找我。

六、观察下面的句子，讨论一下"让"有哪些意思？

1. 谁让你来的？

2. 他不懂事，你就让着他一点儿吧。

3. 动作没做好，让教练痛骂了一顿。

4. 我想上场试试，可是教练坚决不让。

七、说一个自己国家的传说故事，看看能不能用上连动句、兼语句和紧缩句。

第14章

"把"字句和"被"字句

一、"把"字句

典型的"把"字句指的是,用介词"把"(或者"将"),把谓语动词支配的成分提到动词前面来的一种句式。基本格式是:

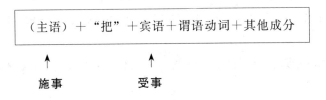

如:

把灯打开。
快把手机给我。
我已经把书借给小王了。
妈妈把房间打扫得干干净净。
别把菜吃完了,给哥哥留一点儿。
我怕她难过,没把那件事告诉她。

典型的"把"字句表示广义的"处置",即施事通过某个动作行为使受事发生变化。它强调动作对受事的影响,使受事产生某种结果,发生某种变化,或处于某种状态,所以句中的动词一般是有处置意义的动作性动词。比较:

他吃完饭了。(一般陈述句,叙述客观情况。)
他把饭吃完了。(强调主语"他"对受事"饭"的处置结果:饭没有了。)

我们所说的"处置"是广义上的"处置",受事发生的变化可能是有意造成的,也可能是无意导致的,甚至,施事可以是非生命的事物,这时非生命的事物也可以理解为"致使、导致"。如:

他把桌子搬出去了。

他把花瓶打碎了。

台风把树刮倒了。

"把桌子搬出去"是有意的行为，而"把花瓶打碎了"一般不是特意打碎的，这里只是指出了"打碎花瓶"的责任者，"台风"是无生命的事物，当然不会有意识地去"刮倒树木"。

像下面这样的动词，因为缺乏处置意义，不能用于"把"字句：

表示感觉、认知的：看见、听见、感到、觉得、以为、认为、知道等。

表示心理的：生气、担心、关心、讨厌、喜欢、怕、同意、愿意等。

表示身体状态的：坐、站、躺、蹲等。

表示存在、等同的：在、有、是；等于、象、不如等。

表示趋向的：上、下、来、去、起来、过去等。

使用"把"字句时，要注意以下几点：

1. "把"字句强调动作对受事的处置，"把"字后面必须有宾语出现，而且，"把"的宾语要有确指性。所以，我们可以说：

请把书给我。

请把那本书给我。

但是不能说：

※请把一本书给我。

当我们说"请把书给我"时，虽然没说"那本""这本"等等，但是说话人和听话人都知道是哪一本书，所以，它是确定的。

2. 因为"把"字句表示"处置"，所以"把"字句的谓语动词不能是光杆动词，尤其不能是单音节的光杆动词，前后要有其他成分，以表示处置的结果，如动词后带"了"、带补语、宾语，采用动词重叠式等。如：

> 我把事情做**完**了。
> 我们把房间**打扫打扫**，好吗？
> 他把衣服洗**干净**了。
> 我把那张 CD **送给朋友**了。

或者，动词前有包含完成、结果意义的状语。如：

> 我们拼命把他**往上**拉，总算拉上来了。
> 他把老人**往边上**一挤，老人差点摔倒。

3. 能愿动词、否定词、时间词语和大部分副词应放在"把"字的前面。如：

> 我**应该**把这件事告诉他。
> 你**能不能**把这封信交给你妹妹？
> 他**只好**把事情经过如实告诉了我。
> 别着急，我**马上**把他的电话号码给你。
> 他**没**把你的衣服弄坏，只是弄脏了一点，你别生气了。

除了典型的"把"字句，还有下面几种比较特殊的句型：

1. 动词的处置性不明显：主语＋把 X 当作/作为/看成/……Y。如：

> 我把你当作最好的朋友。

2. 受事的受影响性不明显：把＋处所/范围＋动词＋其他成分。如：

> 我把整个城市都找遍了，也没找到他。

3. 主语的施事性不明显。如：

> 好不容易才买到两张票，可把我累坏了！
> 每天都是四十度以上，把人们热得都喘不过气来。

这类"把"字句的"把"前往往没有主语出现，谓语中心是形容词或心理动词，句子表示"致使"义。

典型错误

* 我把他告诉了。
* 我把水果买。
* 请把一份报纸给我。
* 我把你的书没给他。
* 他放那本书在桌子上。

分析：

1. "把"字句强调动作对受事的处置，"告诉"这个动作处置的受事应该是"事情""消息"等，在句中没出现，所以这里不需要用"把"字句。

2. "把"字句里，"把"的宾语应该是确指的，谓语动词前后应有其他成分，即不能是"光杆动词"，否定词语、时间词语、能愿动词应放在"把"的前面。

3. 当句子的动词前出现施事，动词后带有"在/给/到/成……"或状态补语、趋向补语等时，受事只能提前，这时，受事可以放到句首充当话题，也可以采用"把"字句以强调处置。如：

  词典你放在哪儿了？
  你把词典放在哪儿了？
  房间你们布置好了没有？
  你们把房间布置好了没有？

所以，上面的句子分别应该改为：

（1）我告诉他了。/我把这件事告诉他了。
（2）我把水果买回来了。
（3）请把（那份）报纸给我。

(4) 我没把你的书给他。
(5) 他把那本书放在桌子上。/那本书他放在桌子上了。

二、"被"字句

"被"字句是用介词"被"(或者"叫""让")等引进动作的施事的句式。基本格式是：

主语＋"被"＋（宾语）＋谓语动词＋其他成分

  ↑　　　　　　↑
  受事　　　　施事

如：

  衣服被雨淋湿了。
  小王的钱包被小偷偷走了。
  我被妈妈批评了一顿。
  问题终于被这些聪明的孩子解决了。

"被"的宾语可以省略。如：

  衣服被淋湿了。
  小王的钱包被偷走了。

"被"字句是以动作的受事为话题的，表示受事受到某个动作行为的影响而有所改变。在口语里，"被"字句常常用来表示不愉快或不希望发生的事情。

在口语里，常常用"叫""让""给"代替"被"。这时候，"叫""让""给"的宾语不能省略。如：

  没想到，藏在院子里的宝贝有一天让小狗刨了出来。
  这一番折腾，全叫隔壁的王二看在了眼里。
  门突然给风吹开了。

跟"把"字句一样,"被"字句的谓语动词后一般要有其他成分,否则不能独立成句。如:

> 他被坏人打了。
> 手机被他摔坏了。
> 书被我忘在宿舍了。
> 这部小说明年将被译成英文。

不过,如果"被"的前面有某些状语,谓语动词后面可以没有其他成分。如:

> 在很长一段时期,他一直被人误解。

能愿动词、否定词、时间词语和大部分副词等应放在"被"字的前面。如:

> 你的车会不会叫警察拖走了?
> 我的自行车昨天被偷走了。

"被"字句还有两个特殊格式:
(1)"被/为……所……"。
这个格式具有书面语色彩。如:

> 老人为生活所迫,不得不四处乞讨。

(2)"被……给……"。
这个格式带有口语色彩。这时"给"是一个助词,没有什么意思。如:

> 花瓶被他给打碎了。
> 电脑叫/让我朋友给弄坏了。

典型错误

* 叔叔被他气。

* 空调被已经拆下来了。

分析：

1. "被"字句的谓语动词一般不能是光杆动词，后面往往有其他成分。

2. 能愿动词、否定词、时间词语和大部分副词等应放在"被"字的前面。

所以，上面的句子应该改为：

叔叔被他气坏了。

空调已经被拆下来了。

三、"把"字句、"被"字句、意念上的被动句

"把"字句和"被"字句在结构上有很多共同点。例如：一般都要求使用处置性的动词，谓语动词一般都不能是光杆动词，能愿动词、否定词、时间词语等放在"把""被"的前面，等等。这两种句式常常可以互相转换，如：

小王把小李打了。↔小李被小王打了。

姐姐把那张CD送给同学了。↔那张CD被姐姐送给同学了。

上面的两类句子变换以后意思不变，但是究竟采用"把"字句还是"被"字句，要看上下文。比较：

他总喜欢买几盆花儿回家，可是每次都是把花儿往阳台上一放，就再也不管了，也不浇水，也不施肥。（以"他"为话题）

那几盆花儿被他扔在阳台上，不出半个月，就纷纷枯萎了。（以"花儿"为话题）

这次台风威力巨大，竟然把道路两旁粗大的行道树都给刮倒了。（以"台风"为话题）

台风过后，一片狼籍。那么粗的树，竟然都被刮倒了，

横七竖八地躺在路上。(以"树"为话题)

表示被动意义不一定要使用"被"字句,很多时候,只要直接把受事放在动词前就行了。如:

　　饭吃完了。

　　妈妈给我的钱都花光了。

这就是意念上的被动句。它是一种"话题—说明"型的句子。汉语里,这种句子的使用频率要大大超过"被"字句。比较:

　　他打碎了一个花瓶。

　　他把花瓶打碎了。

　　花瓶被他打碎了。

　　花瓶打碎了。

在第一句中,"花瓶"是某一个花瓶,是不确指的。后面三个句子中的花瓶是确指的"那一个"花瓶。前两句中,"他"是话题,但是"他把花瓶打碎了"更突出了"他"给"花瓶"造成的后果;后两句中,"花瓶"是话题,但"花瓶打碎了"只是简单地说明"花瓶"怎么样了,而"花瓶被他打碎了"不仅说明"花瓶"怎么样了,而且带有"因为他,花瓶遭受了损失"的口气。

练　习

一、完成下列"把"字句。

　　1. 请把门_____。

　　2. 单位把他_____。

3. 大雨把他_____。

4. 你再把这篇文章_____。

5. 台风把路边的大树都_____。

6. 他吃了不卫生的食品,把肚子_____。

7. 我们把你说的这些话都_____

8. 三天没吃饭,可把他_____。

二、用下面的词语组成"把"字句。

　　例:商店　送　冰箱　你家里
　　　→商店会把这台冰箱送到你家里。
1. 请　翻　书　227页

2. 他　放　花儿　桌子上

3. 我们　搬　家具　房间里

4. 请　翻译　文章　英语

5. 请别　写　名字　试卷上

6. 别　带　出　书　阅览室

7. 我　昨天　借　雨伞　那位游客

8. 我们　一起　抬　上　病人　救护车

三、把下列"把"字句改成"被"字句。

1. 小偷把我的钱包偷走了。

2. 他把我的杯子打碎了。

3. 小鸟把飞机撞坏了。

4. 大雨把他全身都淋湿了。

5. 约翰把地图忘在家里了。

四、把下列"被"字句改成"把"字句。

1. 他被大家批评了一顿。

2. 孩子被爸爸骂哭了。

3. 他被那个漂亮的女孩儿迷住了。

4. 一大早,他就被窗外的鸟儿吵醒了。

5. 他们被派到最艰苦的地方工作。

五、下面每一组中,A句用"被",B句不用。讨论一下哪一种说法合适?为什么?

1. A. 晚饭吃过了吗?
   B. 晚饭被吃过了吗?

2. A. 信已经写好了。
   B. 信已经被写好了。

3. A. 房间打扫得干干净净。
   B. 房间被打扫得干干净净。

4. A. 小王撞了一下。
   B. 小王被自行车撞了一下。

5. A. 他偷走了照相机。
   B. 他被偷走了照相机。

六、下面的句子为什么不能在"把"字句和"被"字句之间互相变换？

1. 你把房间收拾收拾。

2. 那件事被他知道了。

3. 公司把职工的工资提高了一些。

4. 你把椅子往前挪一下，行吗？

七、在需要的地方填上"把"或"被"。

1. 他从桌子下面_____包拿了出来。

2. 那个人的帽子_____风吹走了。

3. 我们_____肚子都笑疼了。

4. 爸爸，酒_____买回来了。

5. 他和弟弟去年9月就_____爸爸妈妈送到中国来留学了。

6. 昨天中午，他看见一辆汽车撞了一个人，他_____吓坏了。

7. 班长_____一封信和几张明信片放进了信箱里。

8. 他工作不认真，_____公司辞退了。

9. 妈妈让小明_____作业做完再看电视。

10. 你的求职信_____写好了吗?

11. 他终于_____这本书买到了,他非常高兴。

12. 我们得尽快_____这位老大爷送到医院去。

13. 孩子_____小狗咬了一口,大哭起来。

14. 那封 Email 昨天就_____发给你了,你没收到吗?

15. 他生病的时候,老师和同学们都很关心他,他_____深深地感动了。

16. 来到上海的这一个星期,我已经_____游泳学会了。

17. 今天我太累了,衣服不_____洗了,明天再洗。

18. 你去旅行的时候别忘了_____护照和学生证带在身上。

八、观察下面的句子,讨论一下什么时候用"由",什么时候用"被"。

1. 哈姆雷特这个角色由他扮演最合适了。

2. 领导说,这个任务就由我们小组来完成。

3. 他这次肺炎是由感冒引起的。

4. 演得太糟糕了!这个角色被他彻底糟蹋了!

5. 没想到,他被一次感冒击垮了。

6. 他再次被选为总统。

九、根据括号里的词语提示和上下文的需要，选择"把"字句、"被"字句或意义上的被动句来表达相应的意思。

1. 电视机放得太近了，＿＿＿＿＿＿吧。（咱们　移动　电视机　往前）

2. 他买了一束鲜花，回到家，＿＿＿＿＿＿，就不管了。（放　在桌上）

3. 他把房间打扫得干干净净，还＿＿＿＿＿＿。结束的时候，大家都热烈鼓掌。（放　鲜花　在桌上）/（表演　节目　精彩）

4. 据说，这个老板因为违法经营，＿＿＿＿＿＿。（公安局　抓起来）

5. ＿＿＿＿＿＿了，你看一下，要是没有问题的话，我就＿＿＿＿＿＿了。（写好　邀请信）/（发出去　信）

十、改错。

1. 我把家人想了。

2. 他把汽车撞伤了。

3. 请把一个苹果给我。

4. 我们把房间打扫得很累。

5. 这部电影明年将被翻译。

6. 我们把教室打扫，好吗？

7. 他还小，需要被人照顾。

8. 足球比赛上个星期被举行了。

十一、把下面的词组按照语法要求合成句子。

1. 坏了的剩饭还倒掉　没

2. 我把那个消息告诉她　没

3. 他是被选为总统的　去年

4. 政府把环境治理得不错了　已经

5. 我看他的车被小偷偷走了　肯定

6. 你把这封信交给你朋友　能不能

十二、用"把"字句简单介绍一种菜的做法。

例如：
做番茄炒蛋时，先把番茄洗干净，切成小块儿。

把鸡蛋打在一个碗里，用筷子或打蛋器把鸡蛋打散。

然后，把锅放在炉子上，开火。

锅热了以后，把油倒进锅里。

油热了以后，把鸡蛋倒进锅里，翻炒一会儿。

然后，再把番茄倒进锅里，翻炒几分钟，放盐。

最后，把番茄炒蛋从锅里盛出来，放在盘子里。

这样，番茄炒蛋就做好了。

第15章

语气和口气

句子的语气可以分为陈述、疑问、祈使、感叹四种,相应地,句子也就可以分为陈述句、疑问句、祈使句、感叹句四类。如:

  他们踢球去了。(陈述句)
  你们踢球去吗?(疑问句)
  咱们踢球去吧。(祈使句)
  我们踢球去啦!(感叹句)

语气的表达主要有两种手段,一是用语调,二是用语气词。疑问句、祈使句和感叹句可以看作是在陈述句的基础上通过添加语调或语气词的方式转换而来的。

一、疑问句

用疑问语气的句子是疑问句,它的作用在于提问。提问又有两种方式,一种是有疑而问,一种是无疑而问。

有疑而问的句子根据结构特点可以分为是非问、特指问、正反问和选择问四类。

1. 是非问

只要把陈述句的语调换成疑问语调(语调上扬),就变成了是非问句。是非问句后面常可以带上语气词"吗",但不能带语气词"呢"。如:

  他考上了大学。——他考上了大学?/他考上了大学吗?
  今天是星期三。——今天是星期三?/今天是星期三吗?

对是非问句只要做肯定或否定回答就可以。上面两个是非问句我们可以这样回答:他考上了大学。/他没有考上大学。今天是星期三。/今天不是星期三。

有时也可以在句末加上"对吗""是吗""好吗""行吗"等,请对方确认。

他考上了大学，对吗？
我们明天再去，行吗？

2. 特指问

在相应的陈述句里代入疑问词语，并加上疑问语调，就变成了特指问句。特指问句后面不能带语气词"吗"。

他刚才去食堂吃饭了。——**谁**刚才去食堂吃饭了？
——他**什么时候**去食堂吃饭了？
——他刚才去**哪儿**吃饭了？
——他刚才去食堂**干什么**了？

特指问句中的疑问词语指明了要求回答的内容，所以只要针对疑问词语进行回答就可以。汉语的特指问跟不少语言不一样，说话人想提问哪个部分，就直接把疑问词放在哪个位置，不需要改变语序。

有一种以"呢"结尾的特殊的特指问，这种特指问又有两种情况。一种情况是"名词性短语＋呢"，问处所：

我的鞋子呢？（＝我的鞋子在哪儿）

还有一种情况是依赖于上文的减缩提问：

他是美国人，你呢？（你是哪国人？）
我明天去，你呢？（你什么时候去？）

3. 正反问

常见的正反问句由谓语的肯定形式和否定形式构成，让回答的人选择其中一个。正反问句后面不能带语气词"吗"。如：

这种水果甜不甜？
你明天来不来？
你昨天去没去？

有时可以用"是不是"提问，这时往往反映了提问者的一定倾向。如：

这种水果是不是很甜？（提问者认为甜）

你昨天是不是没来？（提问者认为你昨天没来）

也可以在陈述句的句末加上"是不是""对不对""好不好""行不行"等。如：

这种水果很甜，是不是？

我们明天再去，行不行？

4. 选择问

选择问句有几个并列的可供选择的部分，让回答的人选择其中的一种。选择问句用"（是）……还是……"的格式，后面不能带语气词"吗"。如：

你是去还是不去？

你们今天去还是明天去？

是他没讲明白，还是你没听清楚？

汉语里还有一种无疑而问的句子，它形式上是疑问句，但并不要求回答，只是用疑问句的形式表示说话人肯定或否定的态度。这类句子叫做反问句。反问句的形式和意义相反，就是说，如果形式上是肯定的，那么表达的意思是否定的，如果形式上是否定的，表达的意思则是肯定的。如：

例句	形式	意义
谁会相信他的话呢？	肯定	否定（没人相信他的话）
他怎么会不知道？	否定	肯定（他当然知道）
难道你没有去过北京？	否定	肯定（你应该去过北京）
你的书不是在桌子上吗？	否定	肯定（你的书在桌子上）

典型错误

* 你最喜欢中国的哪个城市吗？

* 所有同学都参加了昨天举行的 HSK 考试呢？

分析：

1. "吗"是疑问句的标记，但不是所有的疑问句都用"吗"，只有是非问句才用"吗"。

2. 特指问句、正反问句、选择问句有时句末可用"呢"来加强语气，但是是非问句不能用"呢"。

所以，上面的句子应该改为：

（1）你最喜欢中国的哪个城市（呢）？

（2）所有同学都参加了昨天举行的 HSK 考试吗？

二、祈使句和感叹句

（一）祈使句

用祈使语气的句子是祈使句，它表示命令、制止、劝告、要求等，是针对听话人而发出的一种句子。句末常用的语气词是"吧""了"或"啊"。如：

把门关上吧！（命令）

别再说话了！（制止）

要多加小心啊！（劝告）

考试时请保持安静。（要求）

祈使句有以下两个特点：

第一，谓语只能是表示动作行为的动词或动词性短语。

第二，主语一般是第二人称代词"你、您、你们"，主语可以说出来，也可以省略，前面可以加"请"。如：

小王，请你过来一下。

请大家让一让。

主语也可以是包括听话人在内的第一人称代词"咱们""我们"。如：

咱们快走吧!

我们今天一定要完成任务。

(二) 感叹句

感叹句是用来抒发说话人某种感情的句子,句末语气词常用"啊"等。如:

我们的家乡多么可爱啊/呀!

今天的天气真热啊!

他才学了一年汉语就通过了 HSK 五级,真有本事!

典型错误

* 我买了一本好极了的书。
* 这本真有用的词典,你送给我吧。
* 这是太好的地方。

分析:

"……极了""真……""太……了",表示感叹,可用作谓语或补语,不能做定语。

当然,"真/太+形容词"确实可以做定语,但这时"真"表示"确实","太"表示"过分",不含感叹的语气,如:

你真难受的时候,就给医生打电话。

太便宜的东西不会是好东西。

所以,上面的句子应该改为:

我买的书好极了!/我买了一本很好的书。

这本词典真有用,你送给我吧。/这本非常有用的词典,你送给我吧。

这地方太好了!/这是一个非常好的地方。

三、肯定、否定及程度

句子可以表达种种口气，如有时表达肯定，有时表达否定，但不同的句子在表达肯定或否定时的方式以及所表达的程度上都有不同。

陈述句在表达肯定和否定的时候存在着程度上的差别。体现这种程度差别的方式除了添加程度副词（如"很""非常"等）以外，还有两种更重要的方式：

一是添加语气副词。如：

> 他想去北京。——他也许想去北京。（肯定语气较弱）
> ——他实在想去北京。（肯定语气较强）
> ——他实在不想去北京。（否定语气较强）

二是用某些特殊格式来加强语气。如"没有……不……""不……不……""是……的……""连……都/也……"等。如：

> 没有一个人不知道这件事。
> 这么重要的会议他不会不参加。
> 我昨天是在朋友家吃的晚饭。
> 我是从来不喝酒的。
> 这道题目连学生也会做，更不用说老师了。
> 他接过文章，连看也没看，就放到一边去了。

疑问句如果用上了某些语气副词，可以减弱疑问语气，表达说话人的某种倾向。如：

> 他知道吗？——他也许知道吧？
> ——他恐怕知道吧？

祈使句也有肯定和否定的分别，但和陈述句不同的是，陈述句叙述客观事实，否定词用"不""没有"，祈使句提出主观要求，否定词用"不许""不准""不得""别""甭"等。如：

公共场合不许抽烟!

甭理她,让她好好儿想想!

四、语气助词

前面已经说过,语气词是句子表达语气的手段之一。一种语气,可以用几个不同的语气词来表示,一个语气词也可以表示几种不同的语气。下面介绍一些语气词的主要用法。

(一)啊

1. 用于感叹句句尾表示感叹。"啊"的音变有"呀、哇、哪"等。如:

这儿的风景多美啊!

你这个孩子真烦人啊!

2. 用于祈使句尾表示劝告、提醒。如:

路上千万要小心啊!

时间不早了,快走啊。

3. 用在句中几个列举项的后面表示停顿。如:

他很喜欢运动,足球啊,排球啊,羽毛球啊,都打得很好。

什么苹果啊,香蕉啊,葡萄啊,我都喜欢吃。

(二)吧

1. 用在疑问句或陈述句句尾表示推测。如:

他是新来的同学吧?

王老师今天应该在家吧。

2. 用在祈使句句尾表示请求、命令。如:

他有困难,你就帮帮他吧。

快点儿吃吧,马上就要上课了。

3. 用在句中表示举例。如:

比如我吧,从来就没有进过医院。

这儿的天气很不好,就拿这个星期来说吧,没有一天不下雨。

4. 用在句中两个正反对比的列举项后,有假设的意思。如:

去吧,没那么多钱,不去吧,朋友们又会不高兴,真让我为难。

主人很热情地给我倒酒,喝吧,我会醉的,不喝吧,又不好推辞。

(三) 呢

1. 用在特指问句、正反问句、选择问句句末,增加"深究"语气。如:

这个"呢"究竟是什么意思呢?

讨论了半天,我们到底该去还是不该去呢?

2. 用在反问句句末加强反问语气,常与"哪里、怎么、何必"等词配合使用。如:

我哪里知道他会这么讨厌我呢?

这件事跟你没什么关系,你何必要知道呢?

3. 用在陈述句句末,指明动作行为所处的状态,或用夸张的语气强调事实。如:

外面下着雨呢!

他正睡觉呢!

这个饭馆的菜可贵呢,我们到别的地方去吃吧。

和你相比,我的汉语水平还差得远呢。

4. 用在陈述句中除表停顿外，还可以用在表示假设、解释原因、正反对举等情况下。如：

　　你要是同意呢，就跟她说一声。（假设）
　　他说他身体不太舒服，其实呢，他是不想去。（解释原因）
　　睡觉呢，睡不着，看书呢，看不进去，真烦人。（正反对举）

典型错误

　　* 别小看这辆车，要七八百块钱啊。
　　* 她很会干家务活，做饭吧，洗衣服吧，打扫卫生吧，样样都行。
　　* 就拿学习来说呢，不努力是绝对不行的。

分析：

　　1. 如果要把事情夸大，只能用"呢"表示。"啊"表示感叹语气。
　　2. 表示列举的各项后要用"啊"，"吧"用在正反对举的假设句中。
　　3. 用来举例时只能用"吧"。

　　所以，上面的句子应该改为：

　　别小看这辆车，要七八百块钱呢。
　　她很会干家务活，做饭啊，洗衣服啊，打扫卫生啊，样样都行。
　　就拿学习来说吧，不努力是绝对不行的。

五、语气副词

　　除了语气助词能表达语气外，语气副词也是表达语气的一种手段。汉语的语气副词数量比较多，如"偏、恐怕、倒、真、难道、究竟、到底、简直、幸亏、反正、竟然、也许、实在、终究、总算、千万、一定、何必、未免、干脆、确实、明明"等等。这里只举例性地对语气副词所表达语气的作用作些简要介绍。

（一）可

1. 强调程度高。如：

   他的汉语可好了！

2. 强调急切盼望的事好不容易实现了。如：

   你可来了，大家都在等你。

3. 强调必须如此。如：

   你越来越瘦了，可要注意身体啊。

（二）倒

1. 表示跟通常情况相反。如：

   经你这么一说，我倒糊涂了。
   弟弟倒比哥哥高。

2. 表示不符合实际，用在"得"字补语中。如：

   你想得倒简单，做起来挺难的。
   说得倒轻松，你自己去试试看。

3. 在转折句中，用于前一分句表示让步，用于后一分句表示转折。如：

   衣服的式样倒还不错，就是价钱贵了一点儿。
   文章写得不长，倒能说明问题。

4. 舒缓肯定或否定语气。如：

   孩子学会了自己洗衣服，这倒不错。
   至于能提前几天完成任务，我倒没有什么把握。

（三）偏

1. 表示客观事实与主观愿望相反。如：

    我们正要出发，老天偏下起雨来。

2. 表示主观上故意跟客观要求相反。如：

    老师劝他别去玩儿，他偏要去。

（四）到底

1. 表示追究问题的实质。如：

    我想知道她到底为什么要辞职。

2. 表示经过一段过程后情况终于出现。如：

    经过各方的努力，问题到底解决了。

3. 强调某种原因，并因此产生某种结果。如：

    到底是春天了，天气一天比一天暖和了。

（五）反正

1. 强调在任何情况下都不会改变结果。用在后一分句。如：

    不管你同意不同意，反正我都要去。

2. 强调可以推论出结果的原因或理由。用在前一分句。如：

    反正离演出开始还有一段时间，我们先去书店逛逛吧。

（六）简直

强调差不多如此或完全如此，有夸张的语气。如：

房间里太热了，简直像个火炉。
发生这样的事，简直让人难以相信。

我累得简直吃不下饭了。

我们简直是没有办法在这儿呆下去了。

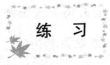

一、指出下列疑问句属于哪种类型。

  1. 你喜欢汉语吗？

  2. 谁不喜欢汉语呢？

  3. 你喜欢汉语还是喜欢英语？

  4. 他喜欢哪种语言？

二、在日常口语里，下面句子里的"啊"发什么音？在书面上这个"啊"也可以写成什么字？

  1. 你可别忘了啊。

  2. 最近他忙得很啊！

  3. 您可以请她去跳舞啊。

  4. 要是我啊，就坚决不同意。

  5. 这事儿啊，还真有难度。

三、给下面疑问句加上语气词"吗""呢"或"吧"。

  1. 老师，我身体有点儿不舒服，可以请假_____？

  2. 这么晚了，还会有谁在外面说话_____？

3. 你能帮我把那本书拿过来_____？

4. 十一点了，大概他已经睡觉了_____？

5. 昨天他到北京去干什么_____？

6. 那天他没有来上课，也许是你记错了_____？

7. 难道北方也会和南方一样那么热_____？

8. 你能告诉我去动物园怎么走_____？

9. 李平今年考上了大学_____？

10. 这么容易的题目，谁知道他会不及格_____？

四、用语气词"啊""吧"或"呢"填空。

1. 他会说很多种语言，英语_____、法语_____、日语_____，都会说。

2. 穿羽绒服_____，嫌热，不穿_____，又觉得冷。

3. 如果我七点钟还没回来_____，你们就先吃，不用等我。

4. 这几年人民的生活水平提高得很快，就拿我们家来说_____，各种家电都买齐了。

5. 答应_____，觉得不好，不答应_____，也觉得不好。

6. 我刚才去商店，牛奶_____、面包_____、水果_____，买了一大堆。

五、观察下面的句子,讨论一下句子里的"呢"起什么作用。设计一个对话,体会什么语境下一般不用"呢",什么语境下一般会用"呢"。

1. 你想去哪儿?

2. 你到底想去哪儿呢?

3. 你明天来不来?

4. 你明天到底来不来呢?

5. 我们应该同情他还是谴责他?

6. 我们究竟应该同情他还是谴责他呢?

六、下面的句子是是非问句还是特指问句?

1. 你想吃点儿什么吗?

2. 有谁告诉过你吗?

3. 你知道在哪儿可以买到这种茶壶吗?

七、下面画线的句子能不能加上"吗",为什么?

1. 什么?<u>你是中国人</u>?那你怎么不会说汉语?

2. 哦,<u>你明天去北京</u>?<u>机票都买好了</u>?怎么不早点儿告诉我呀?

3. 怎么,<u>你也来了</u>?我们都以为你不会来了呢!

八、分析下面句子里疑问代词的意义和用法。

A.
(1) 谁都知道她是个女强人。
(2) 什么也不能改变我的决定。
(3) 这衣服怎么洗都洗不干净。
(4) 我哪儿也不想去。

B.
(1) 谁做得对我们就支持谁。
(2) 冰箱里有什么我们就吃什么。
(3) 怎么听怎么觉得他说的是假的。
(4) 哪儿需要帮助哪儿就有他。

九、用下列语气副词填空。

> 可　倒　偏　到底　实在　反正　毕竟　简直

1. 你越来越瘦了，_____要注意身体啊。

2. 你说得_____轻松，你自己去试试看。

3. 衣服的式样_____还不错，就是价钱贵了一点。

4. 老师劝他别去玩，他_____要去。

5. 我想知道她_____为什么要辞职。

6. 不管你同意不同意，_____我都要去。

7. 房间里太热了，_____像个火炉。

8. _____是秋天了，白天虽然热，夜里还是很凉快的。

9. 我＿＿＿＿＿没有空，要不然我一定帮你。

十、用括号内的词语完成句子。

1. ＿＿＿＿＿＿＿＿＿＿＿＿＿＿＿＿＿＿，就是没有时间。（倒）

2. 他跑了一万米还腿不软气不喘，＿＿＿＿＿＿＿＿。（到底）

3. 随便什么时候我都可以陪你去，＿＿＿＿＿＿＿＿。（反正）

4. 三岁的小孩就能背出一百首诗歌，＿＿＿＿＿＿＿＿。（简直）

5. 我们好不容易才找到了那家书店，＿＿＿＿＿＿＿＿。（偏）

十一、改错。

1. 经过医生的紧急抢救，他的病情到底还是没有得到缓解。

2. 反正长城你没有去过，你就留下来陪陪我吧。

3. 上海菜味道倒是不错，而且价格也比较便宜。

4. 她连贵的衣服都舍不得买，更别说便宜的衣服了。

5. 我怎么会跟他这种人计较吗？

6. 情况我不是都说了呢，还有什么不清楚的吧？

十二、选择经典话剧片断，进行表演，也可以由学生自编话剧进行表演。注意不同角色的语气。

第16章

常用词语用法辨析

一、"二"和"两"

"二"和"两"都是数词，但用法不一样。

（1）念号码的时候用"二"，如：电话号码是五二二八六二七二。

（2）表示基数、序数、分数、小数，一般用"二"。如：十二、二十、第二、三分之二、一点二米。"百"前可以用"二"，也可以用"两"：二百、两百。"千、万、亿"前通常用"两"：两千、两万、两亿。

（3）"二"直接用在某些名词前表示"第二"，如"二楼"指第二层楼，"二班"指一个年级中的第二个班，"二月"指一年当中的第二个月。

（4）表示"2"时，在量词前一般用"两"，如"两个、两本、两次"。但中国传统的度量衡单位前多用"二"，也可用"两"，如"二斤/两斤"。"二两"不能说"两两"。

典型错误

* 老师办公室在七号楼的两楼。

* 我昨天去书店买了二本汉语书。

* 这个学院已经有两十年的历史了。

分析：

1. 数词直接用在名词前面时表示顺序义，只能用"二"。

2. 在一般量词前面要用"两"。

3. "两"在表示数字时只能用在"百、千、万、亿"的前面。

所以，上面三句话应该改为：

老师办公室在七号楼的二楼。

我昨天去书店买了两本汉语书。

这个学院已经有二十年的历史了。

二、"一点儿"和"有点儿"

"一点儿"是数量短语,"有点儿"是程度副词。

1. "一点儿"修饰名词短语,表示数量;"有点儿"修饰形容词或动词短语,表示程度不高,"稍微。"如:

我会说一点儿汉语。

我买了一点儿菜。

东西有点儿贵。

他有点儿不高兴。

他有点儿喜欢上她了。

2. "一点儿"放在形容词后面做补语,含有比较的意思。"一点儿也不"放在动词或形容词前面,用于加强否定语气。如:

我家乡比这儿冷一点儿。

师傅,请开得快一点儿。

这苹果一点儿也不甜。

我一点儿也不知道。

典型错误

* 我今天一点儿累。
* 这个房间比那个一点儿大。

分析:

表示程度的时候,不能用"一点儿",要用"有点儿"。表示比较的时候,"一点儿"要放在形容词后面做补语。所以,上面两个句子应该改成:

我今天有点儿累。

这个房间比那个大一点儿。

三、"前后""左右"和"上下"

名词/动词/小句＋"前后",指某一时间或某一事件稍前到稍后的一段时间。如:

春节前后,火车票特别难买。

毕业前后,我们有好几次聚会。

晚上六点前后,他一定在吃晚饭。

"上下"和"左右"表示估计。"上下"主要用于年龄、重量、温度等方面,"左右"用得比较宽泛。如:

七十岁上下/左右　　25摄氏度上下/左右

八点钟左右　　　　八个小时左右

典型错误

* 期末考试安排在星期三左右。

* 我每天七点上下起床。

分析:

表示前后时间的词语后一般不用"上下",而用"左右"和"前后",另外,"上下"和"左右"都不能用在名词或动词后面。所以上面两句话应该改成:

期末考试安排在星期三前后。

我每天七点左右起床。

四、"刚才""刚刚"和"刚"

1. "刚刚""刚"是时间副词,"刚才"是时间名词,名词可以做定语,副词不行。如"刚才的话,你不要告诉别人"。

2. 作为副词,"刚刚""刚"都可以修饰动词,但是"刚刚"可以放在主语前,起到强调作用,"刚"不行。如"我刚/刚刚给他打过电话""刚刚我给他打过电话"。

3. 时间名词"刚才"和时间副词"刚""刚刚"都可以做状语,但是表达功能不一样。"刚才"是指称说话之前不久的那个时间,"刚"和"刚刚"是表示说话人觉得事情发生不久。比较:

> 你刚才在哪儿?——我刚才在图书馆看书。
> 你早就到了?——不,我刚/刚刚到。

"刚""刚刚"表示说话人觉得发生不久,因此具有主观性,可能是一分钟之前,也可能是一年之前。如:

> 我刚来,对这里的情况还不太熟悉。(说话人可能已经来了半年了,但是仍然可以说"我刚来"。)

典型错误

* 刚刚,我们把课文又读了一遍。
* 我们刚才说到你,你就来了。

分析:

第一句是对不久之前那个时间段发生的事情的陈述,这个时间是相对于"现在"而言的,因此应该用"刚才",这时"刚才"是句子的陈述起点,即话题。

第二句,说话人想强调"说到你"这件事发生于不久前,后面用"就"呼应,表示两件事前后紧接着发生,因此应该用"刚"或"刚刚",这时"刚/刚刚"是句子的表达重点。

所以，上面的两句话应该说成：

>刚才，我们把课文又读了一遍。
>我们刚刚说到你，你就来了。

五、"或者"和"还是"

两个词都是表示选择的连词，但它们之间存在以下几个方面的差别：

第一，搭配的关联词不同。"或者"与"或者"连用，形成"或者……或者……"格式；"还是"与"是"连用，形成"是……还是……"格式。如：

>他不爱学习，上课时或者睡觉，或者跟别的同学讲话。
>你下午去图书城，是坐公共汽车去还是骑自行车去？

第二，表达意义的侧重点不同。"或者"用于表达说话人告诉别人有多种可能；"还是"用于表达说话人不知道哪一种情况。如：

>你明天来或者后天来都可以。
>明天去还是后天去，我也不知道。

第三，"或者"只用于陈述句，而"还是"主要用在疑问句里。如：

>星期天，我或者看书，或者睡觉，或者找朋友聊天。
>你喜欢红色还是喜欢绿色？（＊你喜欢红色或者喜欢绿色？）

第四，"还是"可以作副词，表示经过对几种可供选择的情况进行比较和思考后，最后做出某种选择，"或者"没有这种用法。如：

>我还是去北方吧，南方的天气很热，我不习惯。
>机会难得，我看你还是去吧。

相同之处是，它们都可以和"不管、无论"等连用，形成关联复句。如：

> 不管大人还是/或者小孩儿，都喜欢这位歌星。
> 无论刮风或者/还是下雨，他每天都坚持跑步。

典型错误

* 你还是同意，还是反对，总要发表意见。
* 明天的比赛，让小王参加或者让小李参加？

分析：

1."还是"表达的是说话人不知道哪一种情况，希望知道选择的结果，"或者"表示两种可能性同时存在。在第一句里，说话人不是想知道对方是同意还是反对，而是想说不管什么情况都得发表意见，因此应该用"或者"。

2.疑问句中只能用"还是"，不能用"或者"。

所以，上面的句子应该改为：

> 你或者同意，或者反对，总要发表意见。
> 明天的比赛，让小王参加还是让小李参加？

六、"都"和"也"

（一）"都"的用法

副词"都"的用法主要有两种：表示总括和表示强调。

1.表示总括，一般重读。

（1）总括的对象或范围在"都"的前面。如：

> 买菜，烧饭，洗衣服，我都会做。
> 还没几天，学过的词语都忘记了。

(2) 总括的对象或范围在"都"的后面。如：

 来中国这半年，你都去过哪些地方？
 王老师都教过你们一些什么知识呢？

2. 表示强调，一般不重读。

(1) 强调的对象在"都"的前面。如：

 今天干了一天活，腰都累得直不起来了。
 他是重点大学毕业的，但连个工作都找不到。

(2) 强调的对象在"都"的后面。如：

 都要考试了，你还不抓紧时间复习？
 都十二点了，赶快睡觉吧。

(二)"也"的用法

副词"也"主要有三种用法：表示类同、表示强调和表示委婉。

1. 表示类同

类同可以是相同或相近的几种情况，也可以是相同或相近的几种状态。"也"表示类同时，多出现在后一分句中。如：

 他会说汉语，我也会说汉语。
 李老师是我们的会话老师，也是我们的班主任。
 对年轻人来说，学习很重要，锻炼身体也很重要。

2. 用于强调格式。如：

 老师问发生了什么事，但谁也不说话。
 他才跑了两千米，就累得气也喘不过来。

3. 表示委婉。如：

 来中国快两个月了，你也该给家里打个电话了。
 事情已经到了这种地步，也只有这样了。

"都"和"也"都可以出现在"连……都/也……""哪怕……都/也……""什么/谁/哪儿……都/也……"等格式中,表示强调语气。

典型错误

* 这是我们都送的礼物,请您收下。
* 我们每个人送了礼物。
* 才十点了,你怎么还不起床!

分析:

1. "都"表示总括。在陈述句里,"都"总括前面的词语所指事物的"每一个",如"我们都送了礼物",意思是"我们中的每一个人都送了礼物",而不是"我们大家一起送了一件礼物"。句子里用"每"的时候,常常有"都"呼应,如"他每天都给家里打电话"。

2. "都"后面带数量、时间等词语的时候,表示数量大,时间晚,这时"都"与"才"相对,"才"表示数量小,时间早。如:

都练了三个小时了,还要练啊!
才练了三个小时,怎么够!
都半夜了你还不睡啊!
什么?才晚上八点你就睡了?

上面三句话应该改成:

这是我们合送的礼物,请您收下。
我们每个人都送了礼物。
都十点了,你怎么还不起床!

七、"又""再"和"还"

副词"又""再""还"都可以表示"重复"义,但用法有区别。如果从事情发生的时间方面来看,主要区别在于是说过去的事情还是说未来的事情。

(一)说过去的事情

1. 陈述事实

"又"用在陈述过去的事实时,既可以表示重复,又可以表示追加。表示重复的例子如:

> 这种钢笔很好用,我昨天又买了一支。
> 这篇课文我昨天晚上又背了几遍,现在背得很熟了。

表示追加的例子如:

> 他今天扫了地,又擦了桌子。
> 下课后我去看望了王老师,又到超市买了点儿东西。

"还"用在陈述过去的事实时,不能表示重复,只能表示追加。如不能说:

> ＊这种钢笔很好用,我昨天还买了一支。
> ＊这篇课文我昨天晚上还背了几遍,现在背得很熟了。

但可以说:

> 他今天扫了地,还擦了桌子。
> 下课后我去看望了王老师,还到超市买了点东西。

"再"不能用于陈述过去的事实,不管是表示重复还是表示追加。

2. 说假设的事

用于说过去并没有成为事实的事情时,"再"既可以表示重复,又可以表示追加。表示重复的例子如:

> 那天我要是再练一次就好了。
> 这篇课文我昨天要是再背几遍的话就肯定背得出来。

表示追加的例子如:

>当时你买了上衣,再买条裙子就好了。
>
>那天我要是拍了工作照,再拍一张生活照就好了。

"还"在用于说过去并没有成为事实的事情时,表示重复的意思要受到一些限制,即后面必须加能愿动词"能",否则不成立。如:

>那天我要是还能练一次就好了。
>
>这篇课文我昨天要是还能背几遍的话就肯定背得出来。

(二) 用于说未来的事情

1. 直接陈述未来的情况

"再"用于陈述未来的情况时,既能表示重复,又能表示追加。表示重复的例子如:

>明天我再来看你。
>
>你下星期再来一趟,保证你可以买到票。

表示追加的例子如:

>学了汉语以后,我打算再学一门外语。
>
>我觉得你说得不一定对,明天我们再去问问老师吧。

"再"还可以表示,"推后""延迟",如:

>今天别走了,明天再去吧。
>
>这个问题以后再说吧。

"还"用于陈述未来的情况时,也是既能表示重复,又能表示追加。如:

>我昨天去过,明天还要再去一次。
>
>我买了一件衬衫,还想买一条裤子。

"又"一般只能用于陈述有规律性的重复的情况。这时不能用"再"或"还"。如:

明天又是星期六了。（＊明天再/还是星期六了。）

又快要放暑假了。（＊再/还快要放暑假了。）

2. 说假设的事

说未来假设的事，"又""再""还"都能用，不管是表示重复还是表示追加。如：

明天要是再/还/又停电，那就麻烦了。

下个星期要是还/又/再订不到飞机票，我就不去北京了。

你要是又/再/还迟到，老师肯定会批评你。

典型错误

＊ 他五年前去过云南，上个月还去了一次。

＊ 昨天中午我吃了一碗面条，再吃了一块牛排。

＊ 去年我要是又学一年汉语就好了。

＊ 你还/又去一趟吧，一定要把她找回来。

分析：

1. 用来陈述过去的事实情况时，"还"只能表追加，不能表重复。"又"都可以。

2. 陈述过去的事实情况时，"再"既不能表重复，也不能表追加。

3. 说过去假设的事情时，"又"不能表示重复，"再"可以。

4. 用来说未来的事情时，如果是祈使句，那么只能用"再"，不能用"又"或"还"。

所以，上面的句子应该改为：

他五年前去过云南，上个月又去了一次。

昨天中午我吃了一碗面条，又/还吃了一块牛排。

去年我要是再学一年汉语就好了。

你再去一趟吧，一定要把她找回来。

八、"就"和"才"

1. "才"表示"刚刚","就"表示"马上"。如:

   你怎么才来就要走?

   我一来你就要走,什么意思?

2. "就"表示在一定的条件下,事情发生得早、快、容易,"才"表示事情发生得晚、慢、难。比较:

   她15岁就结婚了,可她姐姐50岁才结婚。

   平时只要十分钟就到学校了,今天堵车,花了一个小时才到。

   我好不容易才看明白说明书,可他根本没看说明书就会使用了。

3. "就"用在名词性短语、动词性短语、数量短语等前,表示限定,有"只"的意思。如:

   我们就打了一个招呼,根本没有时间说话。

   这次旅行就小王一个报了名,别人都不去。

   我口袋里就三块钱,连吃饭都不够。

   "才"用在表示时间和数量的词语前,表示说话人觉得时间早、数量小。如:

   今天才六号,还有十几天呢!

   我口袋里才三块钱,连吃饭都不够。

   怎么,才三分钟就到了?

4. "就"和"才"都可以表强调。"就"强调事情的确定性,或者说话人的个人意志;"才"强调事情的唯一性,往往用于感叹。如:

前面就是我家。

他不让我说，可我就要说！

这才是我要的东西嘛！

昨天的球赛才精彩呢！

5. "就"用来承接上文，指出在一定条件下的某种结果。"才"则用来强调前面所提出的条件的重要性。如：

他一感冒就发烧。

要是加点儿糖，味道就会更好。

我看时间还早，就出去散了一会儿步。

你放心，只要努力学习，你就一定能成功。

别急，过了桥才到我家呢！

正因为你是明星，大家才格外关心你。

你还得努力啊！只有努力学习，才能成功。

典型错误

* 考试才今天结束了，我可以回家了。
* 我一听，都明白了他的意思了。
* 她演得像一个真正的老人，实际上她二十岁。

分析：

1. "才"可以表示事情发生得晚，这时表示时间的词语应该在"才"的前面，句子一般不用"了"。相反，"就"往往跟"了"呼应。如：

考试今天才结束。

考试昨天就结束了。

2. "一……就……"表示两件事情在时间上前后衔接。如：

他一回家就看电视。

他一回来，我就告诉他。

3. 如果要想表示觉得早、小、少等，应该用"才"修饰相关的词语。如：

她才二十岁。

所以，上面的句子应该改为：

考试今天才结束，我终于可以回家了。
我一听，就明白了他的意思了。
她演得像一个真正的老人，实际上她才二十岁。

练　习

一、用"二"和"两"填空。

1. 她住在_____号楼_____楼。

2. 这个孩子_____个月大的时候就会认人了，十_____岁就考上了大学。

3. 他的_____个哥哥都结婚了，大哥大嫂在公司工作，_____哥_____嫂是老师。

4. 我是前年_____月_____号来的，现在在中国已经呆了整整_____年零_____个月了。

5. _____年级_____个班都来了，一班来了30个人，_____班来了26个人。

6. 一共是_____百一十八块，您给了_____百_____十块，找您_____块。

二、用"又""再""还"填空。

1. 我说第一遍的时候他没听懂,所以我_____说了一遍。

2. 这件事你不用着急,过几天_____说吧。

3. 春天到了,五颜六色的花朵_____要开放了。

4. 你的汉语说得不够好,应该在中国_____学一年。

5. 这种笔很好用,我_____买了一支。

6. 我到现在_____不明白他为什么不来参加前天的晚会。

7. 这个人昨天来过,今天_____来了。

8. 星期天我洗了衣服,_____打扫了房间。

9. 我要是在中国_____呆两年的话,一定会是个中国通。

10. 在那段日子里,我感受到了中国学生的勤奋努力,_____感受到了中国人民的热情友好。

三、用"或者""还是"填空。

1. 每天下午,他都会去打球_____跑步。

2. 去电影院,坐公共汽车快_____骑自行车快?

3. 我没听清楚他是说让你去_____让我去。

4. 甲:他今天怎么发这么大的脾气?
   乙:可能跟老婆吵架了,_____挨领导批评了。

5. 甲：你们这个星期去_____下个星期去？
   乙：下个星期。
   甲：怎么去？
   乙：坐火车_____坐飞机。

6. 甲：他去哪儿了？
   乙：_____教室，_____图书馆，不会去别的地方。

四、改错。

1. 我们已经分别八年了，你又在那所公司工作吗？

2. 他从去年离开中国以后，没有还来中国。

3. 你要的衣服是黄色的那件或者是蓝色的那件？

4. 这部电影今天晚上放两场，我看六点的还是九点的都行。

5. 北京有2008年的奥运会，上海和广州都有它们的世博会和亚运会，三个城市各有自己的特色。

6. 既然你已经决定了要辞职，公司都就不留你了。

7. 她现在富了，生意越做越大，为什么又舍不得换掉那辆破旧的车呢？

8. 他拿过话筒就唱了起来，一遍再一遍地唱个不停。

五、选择每组中正确的句子。

1. A. 北京所有的名胜古迹我去过。
   B. 北京所有的名胜古迹我都去过。

2. A. 在这所学校里，老师对学生都很热情。
   B. 在这所学校里，都老师对学生很热情。

3. A. 你还是自己去，还是请别人帮忙，反正必须事先请假。
   B. 你或者自己去，或者请别人帮忙，反正必须事先请假。

4. A. 放了假，我还可以天天去游泳了。
   B. 放了假，我又可以天天去游泳了。

5. A. 既然大家都还没起床，我就又躺一会儿。
   B. 既然大家都还没起床，我就再躺一会儿。

6. A. 我说了一遍，他没听懂，我再说了一遍，他还是没听懂。
   B. 我说了一遍，他没听懂，我再说了一遍，他又是没听懂。
   C. 我说了一遍，他没听懂，我又说了一遍，他还是没听懂。

六、下面的句子是歧义句。试为下面的句子添加上下文，说明有哪两种意思，再大声念一下，讨论一下句子的重音有何不同。

1. 一千多人的大企业，每月工资就四五十万。

2. 这次比赛，我们班就去了五个人。

七、分析下面的句子，讨论"除了……都……""除了……也……""除了……还……"的意义和用法。

1. 除了篮球，别的球我都打得很好。

2. 除了篮球，我还喜欢打排球。

3. 除了篮球，我也喜欢打排球。

4. 除了老王，其他人都来了。

5. 除了老王，老李竟然也来了。

八、参考下面的句子，并补充更多的例句，辨析下面各组词的意义和用法。

A. 次　遍

1. 请再说一遍。
2. 我去过北京三次。
3. 这部电影我看过三次，没一次看完的。

B. 时间　时候

1. 演出什么时候开始？
2. 上课的时候不能随便走动。
3. 为了不出意外，我们准备了很长时间。
4. 你们等了多长时间了？

C. 往往　常常　常

1. 他常常感冒。
2. 以后请常来。
3. 冬天往往容易感冒。

D. 突然　忽然

1. 他来得很突然。
2. 这是一起突然事件。
3. 突然/忽然下起雨来了。

E. 千万　万万

1. 他的话你千万/万万不可相信。
2. 那儿小偷多，路上千万要小心。

3. 我万万没想到他会做出这样的事来。

F. 赶快　赶紧　连忙

1. 明天我要赶紧写作业。
2. 你赶紧下来吧，大家都在等你呢。
3. 下雨了，赶快把晾在外面的衣服收进来。
4. 下雨了，他连忙把晾在外面的衣服收进来。

G. 差点儿　差不多　几乎

1. 昨天的比赛，我们差点儿就赢了。
2. 昨天的比赛，我们差点儿没赢。
3. 路上太滑，我差点儿摔倒。
4. 路上太滑，我差点儿没摔倒。
5. 屋子里我差不多/几乎找遍了。

九、汉语的虚词是学习的一大难点。你觉得主要难在什么地方？你觉得学习汉语虚词的最好方式是什么？谈谈你的学习体会。